优化中小学教师
评价体系研究

陈春勇　著

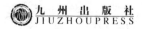
九州出版社
JIUZHOUPRESS

图书在版编目（CIP）数据

优化中小学教师评价体系研究 / 陈春勇著. -- 北京：
九州出版社，2022.9
ISBN 978-7-5225-1167-2

Ⅰ. ①优… Ⅱ. ①陈… Ⅲ. ①中小学－教师评价－研
究 Ⅳ. ①G635.11

中国版本图书馆CIP数据核字(2022)第169467号

优化中小学教师评价体系研究

作　　者	陈春勇　著
责任编辑	姬登杰
出版发行	九州出版社
地　　址	北京市西城区阜外大街甲35号(100037)
发行电话	(010)68992190/3/5/6
网　　址	www.jiuzhoupress.com
印　　刷	三河市明华印务有限公司
开　　本	710毫米×1000毫米　16开
印　　张	13.5
字　　数	160千字
版　　次	2023年1月第1版
印　　次	2023年1月第1次印刷
书　　号	ISBN 978-7-5225-1167-2
定　　价	68.00元

前　　言

教师评价体系是包括教师自身在内的多种评价主体针对教师的教育、教学活动及其过程、效果进行衡量、评判和反馈指导的整体系统，它涉及教师评价的目标、主体、内容、过程、方法、指导反馈等内容。

当前，我国中小学教师评价体系有关法规和政策陆续出台，对于统领中小学教师评价实践起到了导航作用；同时，教育学界也持续进行探索，从理论层面对教师评价实践起到了积极指导作用。

然而，现行中小学教师评价体系的研究和实践尚存问题，如相关研究缺乏充分的定量研究和全面的体系化研究等，评价实践中过于注重教师的教学成绩而缺乏指导反馈等。优化和完善现行中小学教师评价体系成为建立科学的中小学教师评价体系、促进教师和学校共同发展的重要课题。

中小学教师评价体系有着坚实的理论基础。系统论为教师评价体系构建以及完善教师评价的整体系统与其各个要素之间的相互关系提供理论指导，管理学理论为在教师评价中构建科学有效的管理机制并正确处理学校治理与教师专业发展间的关系提供理论支持，教师效能理论等相关理论为正确处理教师评价与教师专业发展间的关系提供理论借鉴，人本主义和需求层次理论为有效处理教师综合评价和个性化、差异化评价间的关系提供理论支撑。

党和政府十分重视中小学教师评价，从发展我国教育事业和提升教师队伍素质能力等战略层面对中小学教师评价提出一系列要求。国家教育行政部门和其他相关部门在党和政府的指示下，根据时代的发展、社会的需求以及教师评价实践过程中出现的新情况和新问题，与时俱进、对症施策，陆续出台了一系列指导性政策文件，要求教师评价聚焦教师主业，强化师德考评，强调能力业绩，注重教学诊断与改进，完善教师激励体系，推动教师专业发展，促进教师素质提升。

在国家政策法规的引领下，各地教育部门和中小学结合当地教师队伍发展实际情况，针对教师评价某些环节中存在的实际问题和改革需求，进行了实践探索，有些地方还根据国家或当地要求进行了教师评价改革试点。北京市有些中小学依托首都优质教育资源，围绕教师专业发展需求，高起点开展了中小学教师评价的实践和试点工作，在激励教师参与评价并由此促进教师专业发展等方面取得了较大进展。

本研究通过访谈和调查等实证研究方法发现，我国中小学教师评价仍然存在一些现实问题：教师评价理念落后，过于关注奖惩性教师评价而忽视发展性教师评价，过于强调教师评价标准而忽视教师评价文化；教师评价制度滞后，政策法规有待完善，评价机制有待加强；教师评价体系研究缺失，缺乏体系化研究、实证研究、核心素养融入的研究以及基于我国国情的国外引介研究；教师评价实践偏向，多元主体评价在教师评价实践中流于形式，教师评价内容过于注重教师的教学成绩等业绩评价，评价方法过于注重定量评价，评价结果运用缺少具体的指导反馈。

基于国内政策发展状况，尤其是基于我国中小学教师评价体系中所存在的现实问题，结合国际视角，本研究提出了优化我国中小学教师评价体系的对策建议：树立新的教师评价理念，构建和谐的教师评价文化；完善教师评价法规政策，健全教师评价制度机制；优化教师评价体系研究，建构教师评价体系模型；优化教师评价体系，建立教师评价共同体，开展综合性和差异化评价，兼顾定量和定性评价，创新评价指导反馈与激励措施。

　　希望本研究对优化中小学教师评价体系以及促进中小学教师评价改革与实践贡献微薄之力。

目　录

第一章　研究背景与意义 ………………………………………… 1

第一节　研究背景 ……………………………………………… 2

第二节　研究意义 ……………………………………………… 5

第二章　中小学教师评价体系的理论基础 ……………………… 7

第一节　理论基础 ……………………………………………… 8

第二节　简要述评 …………………………………………… 16

第三章　中小学教师评价体系的现状与问题 ………………… 23

第一节　中小学教师评价体系的现状与特点 ……………… 24

第二节　中小学教师评价体系的问题与分析 ……………… 68

第四章　优化中小学教师评价体系的对策建议 ……………… 98

第一节　更新教师评价观念 ………………………………… 99

第二节　完善教师评价制度 ………………………………… 113

第三节　加强教师评价体系研究 ················· 122

第四节　强化教师评价体系实践运用 ············· 135

附录　优化中小学教师评价的方法工具 ·········· 189

参考文献 ·· 202

第一章　研究背景与意义

内容提要

国内外学者界定的教师评价概念多指教师的价值判断，针对教师的素质能力和教育教学行为，但忽视教师的非智力因素及其在教师评价中的权利与诉求。本研究将中小学教师评价置于一种系统化的体系来研究，它涉及教师评价的目标、主体、内容、过程、方法、指导反馈等内容和环节。

当前，针对中小学教师评价的理论和实践现状及其所存在的问题，尤其是北京市中小学教师评价实践中存在的问题，探究优化中小学教师评价体系，对于促进中小学教师的教育教学改革，推动教师专业发展和提升教育教学能力，激发教师专业发展动力，具有重要现实意义。本研究力求借鉴有关教师评价理论完善中小学教师评价体系，基于实证调查优化中小学教师评价体系的实践，推动教师自主发展和提升教育教学质量。

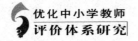
第一节　研究背景

一、概念的界定

对于教师评价，国内外学者有不同的界定和表述。本研究中，教师评价有特定的内涵。

（一）国内外学者对教师评价的界定

关于"教师评价"的概念，有不少学者从不同视角进行过界定。有学者认为，教师评价指"对教师教学活动及其效果的测量判断"[①]；有学者认为，教师评价是指"通过对教师素质和教师的教育教学行为表现状况的测量，评判教师素质水平及教育教学效果"[②]；有学者认为，教师评价指"根据每个要评价教师的相关信息形成对教师的评价性判断"[③]；有学者认为，教师评价指"评价者根据一定的评价标准和程序，采取多种方法搜集评价资料，对教师个人资格、能力与表现进行价值判断的过程"[④]；有学者认为，教师评价主要针对教师评价的程序，包括由多人完成的多样化评价形式，用来决定教师和教育项目的效能。[⑤]

[①] 顾明远．教育大辞典（上）[M]．上海：上海教育出版社，2002：50.

[②] 陈永明．教师教育研究 [M]．上海：华东师范大学出版社，2002：346.

[③] [瑞典] 胡森．教育大百科全书（第 1 卷）[M]．张彬贤，等，译．重庆：西南大学出版社，2006：215.

[④] 胡中锋．教育评价学 [M]．北京：中国人民大学出版社，2008：222.

[⑤] Donna Bullock. Assessing Teachers: A Mixed-Method Case Study of Comprehensive Teacher Evaluation [M]. Tempe: Arizona State University, 2013: 34.

由此可知，国内外学者对"教师评价"概念的界定不一，但有相似之处，即教师评价是针对教师的价值判断。但是学者们所说的价值判断多针对教师的素质能力和教育教学行为，忽视和淡化了教师的非智力因素，如教师的态度、情感等。另外，国内外学者强调教师作为教育专业人员所应承担的责任，却忽视了教师作为自然人所拥有的基本属性和他们在教师评价中的权利与诉求。

事实上，教师评价除了针对教师的素质能力和教育教学行为外，还涉及教师对教师评价的情感认知，教师对教师评价的知情权和参与权，教师的诉求和专业发展，以及对教师的指导反馈和激励等。

（二）本研究中的教师评价概念

本研究将教师评价置于一种系统化的体系来研究。教师评价体系是包括教师自身在内的多种评价主体，针对教师的教育教学活动过程及其效果进行衡量、评判和反馈指导的整体系统，它涉及教师评价的目标、主体、内容、过程、方法、指导反馈等内容和环节。

本研究主要研究针对中小学教师的教师评价。所以，若无特别说明，本研究中的教师评价专指中小学教师评价。

二、问题的提出

当前，中小学教师评价研究侧重定性研究和针对某些侧面的研究，缺乏充分的定量研究和制度化、体系化研究；对国外研究缺乏基于我国国情的深入分析和具体借鉴；对中小学教师评价实践的研究还缺乏对中小学教师评价所存问题的针对性回应。因而，完善和优化现行中小学教师评价体系，成为建立科学有效的中小学教师评价体系、促进教育教学改革、推动教师专业发展与学校战略发展的重要课题。

（一）现行中小学教师评价体系存在一些问题

本研究在北京市某些中小学所进行的听课评课、教学研讨和教师评价活动中发现，现行中小学教师评价和评价体系中存在不少问题，主要是尚未建立完善的教师评价体系；教师评价内容相对单一，没有将促进教师专业发展和个人成长等充分融入教师评价中；过于关注教师的教学成绩、科研论文甚至学历、职称、荣誉等定量评价方式；注重行政性的奖惩性评价，缺少多元评价主体的发展性、过程性评价及针对不同专业发展阶段的不同学科和岗位教师的分层分类的差异化、个性化评价，以及可操作性的指导反馈。

（二）针对问题研究中小学教师评价体系具有现实意义

针对中小学教师评价的理论和实践现状及其所存在的问题，尤其是北京市中小学教师评价实践中存在的问题，开展中小学教师评价研究，优化现行中小学教师评价体系，对于促进中小学教师的教育教学改革，推动教师专业发展和个体成长，引导教师基于科学的教师评价自主反思和提升教育教学能力，由此激发教师的专业发展动力，具有非常重要的现实意义。

第二节　研究意义

一、丰富教师评价理论

当前，中小学教师评价和评价体系理论有待进一步发展。优化中小学教师评价，需要吸纳新理论，进行理论创新。

（一）中小学教师评价理论有待发展

当前的中小学教师评价理论，尤其是中小学教师评价体系理论，有待发展。中小学教师评价理论多侧重围绕教师管理和教学成绩展开探究。比如，教师效能理论侧重研究教师和教学的质量、教师工作的效用以及教师的教学行为与学生成绩的关系等，强调教师教育教学结果评价，着重针对教师的总结性、奖惩性评价，而对教师的教育教学过程、影响教师教学成绩的多种复杂因素以及教师在教师评价过程中的角色和诉求等关照不够。同时，现有研究多针对中小学教师评价的某个侧面或环境展开，缺乏对中小学教师评价的体系化和系统化研究。

（二）中小学教师评价体系优化需开展理论创新

本研究力求在全面吸收和借鉴有关教师评价理论上，基于新时代教师评价最新理念，如教师为本，关照教师的专业发展与个性差异，实现教师评价主体、内容和方法的多元化等，完善教师评价的各个环节，如教师评价的目标、主体、内容、方法和指导反馈等，从而优化中小学教师评价体系，为创新和改进中小学教师评价提供理论支持与实践指导。

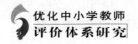

二、指导教师评价实践

本研究拟在开展实证调研的基础上，针对中小学教师评价实践中存在的现实问题，指导教师评价实践，并基于教师评价实践优化教师评价体系。

（一）针对实践中的问题指导教师评价实践

现有研究和调查发现，现行中小学校教师评价实践存在不少问题，主要是教师评价内容较为单一，过于强调教师的教学成绩等定量评价，忽视对教师的师德表现以及教育教学行为与过程等的定性评价；过于注重结果性、奖惩性评价，忽视教师专业发展、从事不同学科教学的教师在不同发展阶段的差异化评价，以及在教师评价过程中对教师的人文关怀和指导反馈等。本研究拟进一步开展实证调查，如现场访谈和问卷调查等，明确教师评价实践中存在的现实问题，以便于有针对性地开展教师评价研究和指导教师评价实践。

（二）基于教师评价实践优化教师评价体系

本研究力求基于实证调查，探究完善和优化中小学教师评价体系，把教师专业发展和个性差异等融入教师评价体系，并探究中小学教师评价主体和评价方法改革及评价后的指导反馈等，在此基础上进一步探究如何在教师评价实践中具体改进教师评价内容和方法以及推动教师在教师评价过程中的自主参与等，从而基于教师评价改革推动教师自主发展和提升教育教学质量。

第二章　中小学教师评价体系的理论基础

内容提要

系统科学理论、管理学理论、教师效能等理论以及人本主义和需求层次等理论，从各自角度出发，为中小学教师评价提供理论基础和研究指导，为改革和完善中小学教师评价体系提供了逻辑思路和有益启示。

系统科学理论为中小学教师评价体系的确立和完善提供了科学的研究思路和方法；管理学理论在中小学教师评价中从一定程度上可以为教师管理提供理论指导；教师效能等理论对中小学教师评价过程有一定程度的关注，能从不同角度促进教师的教学质量提升；人本主义和需求层次理论关注个体的人格尊严和不同层次的需求，能有效指导开展和完善发展性教师评价。

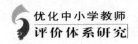
第一节 理论基础

一、系统科学理论

系统论探究系统整体与其组成要素间的相互关系，而中小学教师评价体系也是一个评价系统，根据系统科学理论探究教师评价各要素及其相互关系，有助于提高教师评价效能。

（一）系统科学理论探究整体与各要素的相互关系

系统是指由相互关联、制约的各个部分所组成的一个整体。系统论指的是以系统为对象，从整体着手探究系统整体与其各组成要素间的相互关系，从本质上解析其结构、功能、行为与动态，以求把握系统整体，从而达到最优目标。系统中的各个要素不是孤立存在的，每一要素在整个系统中都处于一定的位置，发挥其特定作用。各个要素相互关联，并构成一个不可分割的、有机联系的整体系统。系统的本质属性是其整体性、关联性、层次性和统一性，而系统思想的核心问题是根据系统的本质属性使系统达到最优化。虽然系统是由各个要素或子系统组成的，但系统的整体性能可以大于各个要素的性能之和。

因此，处理系统问题，要注重研究系统的整体结构与各个要素功能间的关系，以提高系统的整体功能。系统整体分为若干层次，一个系统是由若干子系统组成的，该系统本身又可以视为更大系统中的一个子系统。系统与其下子系统之间、系统内部的各子系统之间以及系统与其外部环境之间，是相互关联、相互作用和相互依存的。

（二）基于系统科学理论统筹教师评价各要素有助于提高评价效能

中小学教师评价体系是针对教师评价的整体系统，自然受系统科学理论的影响。事实上，中小学教师评价体系也是一个系统，它由若干个子系统（如教师评价目标、教师评价主体、教师评价内容、教师评价方法、教师评价的结果运用等）组成，每个子系统当中又包括若干个次子系统，每个子系统与其下次子系统相互关联、相互作用、互相制约、相互依存。

基于教师评价目标，各教师评价主体按照适切的教师评价方法实施教师评价内容，并根据教师评价的结果对教师进行指导反馈；定期评价、职称评审、荣誉表彰等不同具体类型的教师评价，其具体评价目标、主体、内容、方法、结果运用等也各有不同，但相互依存、相互制约。教师评价目标实现的程度，教师评价主体提出的问题与建议，教师评价内容的具体实施和其中存在的问题，以及教师评价方法运用过程中所存在的问题，均由教师评价者在教师评价过程中进行及时指导反馈。

二、管理学理论

管理学理论主要探究管理活动的基本规律和方法以提升生产力水平。中小学教师评价中，依据教师的工作绩效对教师进行奖惩，也是管理教师队伍的有效手段之一。

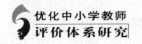

（一）管理学理论探究管理活动的规律方法

管理学理论是契合社会化大生产的需求而产生的一门综合性的交叉学科理论，主要研究管理活动过程中的基本规律与方法，以期在现有条件下，通过合理组织配置人、财、物等相关因素提高生产力水平。

我国在周朝时期就制定了管理国家的典章制度，依据"明德慎罚"和"教不严，师之惰"等思想制定了日常管理中的奖优罚劣和教育教学中适切的师生关系等行为准则。在国外，英国的经济学家亚当·斯密（Adam Smith）最早系统地提出了管理学思想。1977 年，他发表了代表作《国民财富的性质和原因的研究》，在该文中提出"经济人"的观点，认为人在经济活动中会最大限度地追求私利，但也要顾及他人利益和发展社会利益。20 世纪初，西方盛行科学管理理论。美国科学管理之父弗里德里克·泰罗（Frederick Taylor）确立了明确的企业管理和奖惩标准以提高工作效率。法国的亨利·法约尔（Henri Fayol）关注有效管理，认为组织管理职能涉及管理的计划、组织、指挥、协调与控制。这些管理职能中的"控制"目的在于保障实际工作符合既定的计划和标准，相当于当前我们所说的成果评价。组织管理问题则涉及一系列原则。比如，公平原则是以友好而公平的态度，严格执行有关规章制度；主动原则是向职工提供其发挥主动性和积极性的机会；团结原则是通过营造职工之间融洽和团结的工作氛围推动企业的发展。这些管理思想对教师评价的理念和原则产生了重大影响，并促进了奖惩性教师评价制度的形成和发展。

（二）基于管理学理论评价和奖惩教师能一定程度上提高教学效能

从中小学教师评价的功能和目的出发，中小学教师评价大体上可分为奖惩性教师评价和发展性教师评价，它们体现了不同的教师观。奖惩性教师评价旨在加强教师绩效管理，根据教师评价的结果决定教师的解聘、晋级、加薪等。[①] 由此可见，这种教师评价侧重根据教师的工作职责和教学效能评判、管理和奖惩教师，深受管理学理论的影响。教师评价特别是奖惩性教师评价以强化教师绩效管理为目的，受管理学等理论影响较大。

基于管理学理论，中小学教师同样也是"经济人"，对中小学教师实施评价和奖惩也是管理教师的有效手段之一，如在教学管理中可运用加薪等物质奖励手段激发教师的教育教学工作积极性，运用解聘等惩罚手段处罚不称职的教师。[②]

三、教师效能等理论

教师效能理论、临床督导理论以及过程——结果研究理论从不同角度和侧面关注教师的教学素质能力和教学行为，对于提高教师的教学能力、提升教学质量具有较大的启发和借鉴意义。

（一）教师效能等理论重视提升教师素质能力

教师效能理论主要体现于教师的素质能力、教学效果、教学行为

---

① Alan Evans & John Tomlinson. Teacher Appraisal: A Nationwide Approach [M]. UK: Jessica Kingsley Publishers, 1989: 15.

② 王斌华. 教师评价：绩效管理与专业发展 [M]. 上海：上海教育出版社，2005：19-20.

与学生的学业成绩之间的关系等方面。该理论主要源于阿尔伯特·班杜拉（Albert Bandura）提出的学习动机理论。该理论认为，自我效能感是个体对自身是否具备能力完成某一任务或行为所进行的推断；那些自我效能感高的人常倾向于选择适合自身能力水平并有挑战性的任务，具有较强的自信心，敢于面对困难与挑战，积极分析所面临的问题和解决实际困难，将失败归因于自身努力不够。在教育教学过程中，增强教师效能，有助于提升教师的教学信心和教学技能，从而提高班级管理质量和学生成绩。[①] 因而，在中小学教师评价中，为提升教师的教学管理质量和学生成绩，要求推动教师积累经验和提升教学信心和技能，提高教师的自我效能感。

临床督导理论系由格兰茨（Glanz, J.）倡导，他把第六代督导称为临床督导（clinical supervision）[②]，又称协同督导，重点在于改善教学质量。科根（Cogan, M.）剖析了临床督导理论在学校中的应用过程，认为临床督导主要借助教师课堂观察来实现，开展临床督导后的评价指导与质量反馈有助于提升教学质量。[③]

过程——结果研究理论主要关注教师行为与学生学习之间的有效联系，源于舒尔曼（Shulman, L.）所倡导的产品模模式。舒尔曼认为，这一过程关涉具体的教师行为，如教学计划、教学准备、课堂管理和教学实践，借

---

① Darling-Hammond, L. Teacher quality and student achievement: a review of state policy evidence [J]. Educational Policy Analysis Archives, 2000 (8-1): 22, 33.

② Glanz, J. Supervision for the millennium: A retrospective and prospective [J]. Focus on Education, 2000 (44): 9-16.

③ Cogan, M. Clinical Supervision [M]. Boston, MA: Houghton Mifflin, 1973:10.

助课堂观察和记录来实现；教师的教学行为与学生的学业成绩有密切关联，可以据此制订教师评价量表、课堂观察清单和有效教学综合模型。[①]

（二）基于教师效能等理论评价教师有助于提高教师教学质量

教师效能理论重视考察教师的教学经验及信心和能力，临床督导理论强调通过课堂观察来评价教师，过程——结果研究理论关注教师的教育教学行为与学生的学习之间的有效关联。这三种评价理论从不同的视角关注教师的教育教学素质能力、教育教学行为表现，以及教师的工作绩效和质量，对于促进教师改善教育教学行为、提升教育教学质量，具有一定借鉴意义。

四、人本主义和需求层次理论

人本主义和需求层次理论都重视教师关切和需求，注重激发教师工作内驱力，有助于激发教师的工作积极性和主动性，推动教师自主发展。

（一）人本主义和需求层次理论关注尊重个体及其需求

人本主义理论，作为当代主要的心理学流派之一，既反对将人的行为动物化，又反对只研究精神病人心理而不研究正常人心理。这种理论被称为心理学的第三思潮，代表人物有卡尔·罗杰斯（Carl Rogers）等人。卡尔·罗杰斯认为，人类具有天生的自我实现的动机，即最大限度实现自身的各种潜能特长的趋向。人本主义理论倡导爱心、自主性、责

---

① Shulman, L. Paradigms and research programs in the study of teaching: A contemporary perspective. In M. C. Wittrock (Ed.): Handbook of research on teaching [M]. New York: Macmillan, 1986: 3-36.

任心和创造性等心理品质的培育，充分肯定人的尊严、价值和个体潜能的发挥，提倡培养人的健全人格，为人创造积极的成长环境，倡导尊重和关心员工，开发其潜能并助其实现自我发展，对现代教育产生了深刻影响。

需求层次理论是有关人的需求结构理论。1943 年，亚伯拉罕·马斯洛（Abraham Maslow）发表《人类激励理论》，在文中提出了这一理论。在他看来，人的基本需求有别于动物本能，是分层次的、从低到高逐步发展的；人的需求分为五类，具体包括人的生理、安全、归属与爱、尊重和自我实现这些方面的需求，它们从低到高，按照层次逐级递升，但次序不完全固定。[①] 需求层次理论有两个基本的出发点：人的行为动机从人的内在需求中产生；人的需求分高低层次，只有某个低层次的需求获得满足以后，才会出现高层次的需求。在这五种需求中，人的生理、安全和归属与爱这些方面的需求属于低级需求，可以借助外部条件得到满足，比如通过薪酬满足生理需求，基于法治满足安全需求；而尊重和自我实现这些方面的需求属于高级需求，它们具有持久动力，需要借助内部因素不断得到满足。一个人在同一时期可能会有多种需求，但是每个时期总有一种需求占统治和支配地位，并对人的行为起决定性作用。各层次需求是相互依赖和制约的，高层次的需求得到发展和满足以后，低层次的需求依然存在，但是对人的行为的影响程度相对削弱。后来马斯洛将这些需求拓展为八类，即人在生理、安全、归属与爱、尊重、认知、审美、自我实现和超越这些方面的需求。

---

① Maslow, A. H. A theory of human motivation [J]. Psychological Review, 1943: 50 (4).

（二）基于人本主义和需求层次理论评价教师有助于教师自主发展

教师评价，特别是发展性教师评价，强调教师的专业发展，通过开展教师评价实现教师与学校共同发展的"双赢"结果。[①] 在教师评价中关注教师的个体发展需求和未来发展，以教师为本，重视教师专业发展过程和教师作为评价活动主体的作用，关注教师综合评价和教师个性化、差异化评价，这些教师评价理念和思想深受人本主义思想和需求层次理论的影响。

发展性教师评价在评价方式上体现出的人文关怀来源于人本主义思想。这种评价关注教师的自我实现、分层发展和潜能发掘，对处于不同发展阶段的教师设定不同的差异化评价标准；充分尊重和客观评判教师的教育教学工作，倡导由多元评价主体如教师、教师同事、学生及家长等从多种视角评价教师，而不仅由学校领导单方面评判教师和决定评价结果；对教师评价结果进行及时反馈，尊重每一位教师的人格尊严和专业发展，指导教师发现问题和及时改进，体现出教师评价过程中的人本主义思想和应有的人文关怀。

发展性教师评价还关注中小学教师的不同层次需求。中小学教师在群体组织中有不同层次的需求，如有的教师希望加薪提高生活水平，有的希望学校创建安全有序的校园环境，有的希望得到学校更多关爱、尊重，有的希望发挥个人潜能、发展兴趣爱好和实现进一步的专业发展。学校对教师也有不同需求，比如希望教师提升教学素质能力和学生成绩，乃至通过名师提升学校的影响力等。发展性教师评价是推动教师和学校的需求共同实现的有效策略，在发展学校需求基础上充分考虑了不

---

① 王斌华. 教师评价：绩效管理与专业发展 [M]. 上海：上海教育出版社，2005：31.

同教师不同层次的需求，通过开展综合评价和差异化评价，充分发挥教师的才能、潜力，拓展教师的发展空间，满足教师的各种需求，充分调动教师的工作积极性和主动性，从而助推教师的自主发展。

第二节　简要述评

一、教师评价理论基础整体分析

各种有关理论从不同角度为中小学教师评价提供了理论根基，中小学教师评价可从这些理论中获得启示和借鉴，这对于进一步深化教师评价理论研究，促进教师评价改革，具有重要理论价值。

（一）各种理论为教师评价提供理论根基

系统科学理论、管理学理论、教师效能等理论，以及人本主义和需求层次等理论，从各自角度出发，为教师评价理论提供理论基础。

系统论从系统整体与其组成要素间的相互关系出发，为中小学教师评价体系的构建以及完善教师评价整体系统与各要素之间的相互关系提供理论指导。

管理学理论基于管理活动的规律和有效提升生产效率的方法，为在中小学教师评价中构建科学、有效的管理机制，正确处理学校治理和教师专业发展之间的关系提供理论支持。

教师效能理论、临床督导理论以及过程——结果研究理论从教师的自我效能感、课堂观察指导和教师的教学行为表现等不同侧面，为正确地处理教师评价与教师专业发展二者之间的关系提供理论支撑和借鉴。

人本主义和需求层次理论从关注人的个体尊严与价值以及人的不同层次的需求出发，强调尊重个体和发挥个体潜能专长，为有效处理教师综合评价和个性化、差异化评价之间的关系提供理论支撑。

（二）各种理论指导教师评价体系改革完善

系统科学理论、管理学理论、教师效能等理论，以及人本主义和需求层次等理论，基于不同视角、不同维度，为中小学教师评价提供理论指导，为改革和完善中小学教师评价体系提供了逻辑思路。

系统科学理论要求从系统整体出发有效处置系统整体与各个组成要素间的相互关系。优化中小学教师评价体系，建立科学的教师评价机制，需要在系统科学理论的指导下，有效处理教师评价体系与其各要素的相互关系，使教师评价的各个子系统即教师评价的目标、主体、内容、方法、结果运用等相互衔接、互相制约和互相促进，保障整个教师评价体系的良性运转。

管理学理论要求按照管理活动的特有规律和方法进行企业等的管理，以期有效提升生产效率。改革和完善中小学教师评价体系，需要在管理学理论的指导下，建立有效、科学的教师管理机制，促进学校治理和教师专业发展的有机融合，实现学校长期战略发展和教师专业发展的双赢。

教师效能理论、临床督导理论以及过程——结果研究理论分别要求通过提升教师的自我效能感、开展有效的课堂观察指导以及改善教师的教学行为，促进教师的教学质量的提升。改革中小学教师评价体系，需要在这些理论的引领下，重视开展科学的教师评价，在基于教师评价结果奖惩教师的同时，重视教师评价的过程和对教师的及时指导反馈，努力创造各种平台和条件，服务教师的专业发展和教学质量的提升，增强教师的教学信心，改进教师的教学表现，提高教师的教学技能。

人本主义和需求层次理论要求关注人的人格尊严和满足人的不同层次需求。改革中小学教师评价体系，需要在人本主义和需求层次理论的指导下，关注教师的个体尊严，充分发挥教师的个体潜能和兴趣特长，满足教师的各种合理的个性化需求，在开展统一的教师综合评价的同时，开展个性化、差异化的教师评价，构建教师综合评价和差异化评价体系。

二、有关理论对教师评价的启示

系统科学理论、管理科学理论以及人本主义和需求层次等理论，从各自视角出发，为中小学教师评价体系的构建和中小学教师评价的改革完善提供了有益启示。

（一）系统科学理论为教师评价体系构建提供方法论基础

系统是由许多部分组成的整体，强调各个组成部分之间的相互关联、相互依存、相互制约。系统科学理论揭示的整体性、关联性、统一性、层次性，符合中小学教师评价体系和该体系内部各要素之间的关系，为中小学教师评价体系的确立和完善提供了科学的研究思路和方法。

当前针对中小学教师评价体系的研究总体较少，大多研究未能着眼于中小学教师评价整体系统，而仅围绕教师评价的某一侧面或环节展开如教师评价的理念、内容、方法、模式、程序等展开，尤其是研究教师评价内容的较多。

从系统科学理论的视角出发，教师评价体系研究要注重教师评价的整体框架设计，将中小学教师评价作为一个整体系统，分析中小学教师评价体系的整体结构与功能，从中小学教师评价体系整体出发审思该体系的整体框架本身的合理性、科学性，剖析中小学教师评价体系与其各环节和各要素之间的相互关系和变化规律，动态协调各环节和各要素之间的关系，使中小学教师评价体系达到优化目标。

（二）管理学理论在教师评价中指导教师管理

管理学理论从生产力的角度探究如何合理地配置组织中的人、财、物等资源，使之充分发挥应有的作用，获得最佳经济和社会效益；从生产关系的角度探究如何正确地处理组织中人与人的关系，完善组织机构和改善管理体制，激励员工充分发挥积极性与创造性，服务于实现组织的目标。同样，中小学教师评价体系的确立，要也考虑合理配置中小学教师在评价体系中的作用，以期发挥教师评价的最佳效益；同时，研究如何正确处理教育教学中教师与校长、同事、学生等的相互关系，完善评价体制，激励和调动教师工作积极性，为实现教育教学目标服务。因此，管理学理论在教师评价中从一定程度上可以为教师管理提供理论指导。

需要注意的是，企业对员工的评价毕竟有异于教师评价。企业通常根据工作分工考察员工完成定量工作任务的数量和质量来评价员工，并以此作为奖惩员工的依据。但教师的教育教学工作与企业员工的工作有所不同，教师的某些工作难以量化，如教师的师德内化程度、钻研业务工作的深度和广度、备课质量和深度、作业设计质量创新、教法创新能力、敬业精神、学生认可度等，很难准确、科学、公正量化。对教师的这些工作进行评价有异于企业对员工工作的评价；同时，教师评价还需要特定的多元主体和方法，如果照搬企业的管理和奖惩方法评价教师、刺激其生存与安全"低级需要"，可能会从一定程度上忽略教师的归属、情感、尊严、荣誉和专业发展等高级需要。

（三）教师效能等理论在教师评价中推动教学质量提升

教师效能理论关注对教师的教学经验及教师个体能力的考察，主要借助测量教师所教学生的学习成绩而实现，但易受不可控因素的影响，如教师的掌控体验、生理和心理等因素。临床督导理论强调主要通过课堂观察来评价教师，涉及授课预备、课堂观察和课堂观察后的分析评价等环节，实践性、操作性较强。过程——结果研究理论强调教师的教学行为与学生的学习活动之间的有效联系，对教师教学行为的监测与评价通过课堂观察与记录等方法完成，更关注教师教学实践的有效性。

整体上看，这三种评价理论对教师评价过程有一定程度的关注，能从不同角度促进教师的教学质量提升，但是更侧重对教师的总结性评价，更关注教师评价的结果，关注教师的教学成效，对于提升教师的教学行为表现和教学质量有积极意义。

同时，也应看到，这些理论对教师自身的认知、情感、荣誉、专业发展等关注不够，也未充分考虑影响学生成绩的多种复杂因素；忽略了教师在教育教学中的认知、情感、行为表现等基本因素，没有把教师作为评价的参与者和合作者，忽视了对教师的人文关怀；教师评价的内容最终指向学生的学业成绩，归根结底是终结性教师评价，对教师的教育教学实践过程关注不够。[①]

（四）人本主义和需求层次等理论引领发展性教师评价

人本主义和需求层次理论关注个体的人格尊严和不同层次的需求，这为发展性教师评价提供了有力的理论支撑，能有效指导开展和完善发展性教师评价。

发展性教师评价吸收了人本主义理论的思想，把教师视为学校的主体，把教师的专业发展看作学校发展的基础与动力，关注教师的自我发展、分层发展、动机兴趣、爱好特长、发展潜能、个体差异等，尊重教师的人格尊严，彰显了教师评价的过程性和发展性功能。

发展性教师评价关注中小学教师的不同需求，它本身就是一种激发教师工作动机和满足教师需求的重要手段。中小学教师首先追求生存、安全，归属感等"低级"需求，在此基础上还期待实现获得尊重、关爱和自我实现等更高层面的需求。为此，教师评价目标的设置和评价内容等的确定，应充分考虑教师不同专业发展阶段的个体特长与潜能和自我

---

① 毛利丹.中小学教师评价研究 [M].北京：中国社会科学出版社，2017：71-73.

发展需求，激发教师工作的内驱力，满足教师的业务进修、学历提升、职称晋升、职务晋级、荣誉表彰以及特长与潜能发挥等方面的需求；教师评价主体和方法的选择以及教师评价结果运用中的指导反馈等方面，应注重尊重教师的人格尊严，增加教师的参与感和成就感。

第三章　中小学教师评价体系的现状与问题

内容提要

　　中小学教师评价体系的发展，是一个渐进过程。随着新时代的现实需求和国家对高素质教师队伍建设的要求，有关法规政策陆续出台。在国家政策引领下各地进行了实践探索。北京市有些中小学依托首都优质教育资源，围绕教师专业发展需求，高起点开展了教师评价实践工作。现行中小学教师评价体系的特点是，有关法规政策制定关注教师评价现实问题，教师评价实践针对某些具体评价环节展开。

　　然而，现行中小学教师评价体系尚存问题。教师评价理念落后，过于强调奖惩性评价和教师评价标准，忽视发展性评价和教师评价文化；教师评价制度相对滞后，缺乏完备系统、可操作性的教师评价制度机制；理论研究缺乏对教师评价的体系化、实证性研究，对核心素养融入教师评价的研究，以及基于我国国情的国外引介研究；教师评价实践存在偏向，主要是教

师评价主体单一，其他评价主体评价大多流于形式；教师评价
内容过于注重教学成绩等评价，淡化综合评价和差异化评价；
教师评价方式过于注重定量评价，忽视课堂观察评价等定性评
价方法；教师评价结果主要用于对教师的绩效工资分配及评优
表彰，缺少具体指导反馈。

第一节　中小学教师评价体系的现状与特点

一、中小学教师评价体系的现状

中小学教师评价体系的发展，是一个逐步渐进的过程。随着新时代
对教育教学的现实需求和国家对高素质教师队伍建设的要求，中小学教
师评价体系的有关法规和政策陆续出台，中小学教师评价实践也在法规
和政策的指导下在某些区域展开。

（一）教师评价体系有关法规政策陆续出台

中小学教师评价体系在初建基础上，不断演进和发展，逐步向规范
化、制度化、常态化迈进。

新中国成立初期，在各项社会事业亟待发展的情况下，党和政府初

步提出了建立中小学教师考核制度。1953 年 11 月，《中央人民政府政务院关于整顿和改进小学教育的指示》指出，各地各学校应"按照课程表与教学进度上课，建立出席检查、请假、成绩考核等制度"。① 1978 年 9 月，教育部颁布《全日制小学暂行工作条例（试行草案）》和《全日制中学暂行工作条例（试行草案）》，要求建立中小学教师定期考核制度。中小学教师考核制度的建立，为中小学教师评价建立了制度性基础。

实行改革开放以后，我国的教育事业迎来了转折点，国家陆续出台了有关中小学教师评价的政策文件和法律法规，中小学教师评价开始步入规范化、制度化、法治化的轨道，强调中小学教师评价不能单方面地看学生的考试分数，而要重视中小学教师在促进学生德智体等多方面获得提升所作出的成绩，同时提出中小学教师评价要有监督配套制度，并将中小学教师评价结果作为中小学教师受聘、晋升工资等的依据。

1983 年 8 月，原国家教育委员会颁布《关于中、小学教师队伍调整整顿和加强管理的意见》，提出整顿中小学教师队伍和建立常态化教师考核制度。该意见提出，要"充分调动和发挥广大中小学教师的积极性，并在调整整顿的基础上，建立健全师资管理制度，为加强中小学教师队伍的建设和提高师资质量打下良好基础"；对中小学教师的考核要明确合格中小学教师的质量标准，"建立起经常的考核制度，考绩记入档案，并作为教师评定职称、晋升的重要依据"。在教师考核内容方面，

---

① 中国经济网.中央人民政府政务院关于整顿和改进小学教育的指示 [EB/OL]. (2007-05-29) [2022-06-18]. http://www.ce.cn/xwzx/gnsz/szyw/200705/29/t20070529_11531271.shtml.

该意见要求"从政治思想表现和工作态度、教学业务能力和教学效果、文化程度三个方面，由县级教育行政部门对每个教师进行一次全面考核"；"对教师的政治思想和工作态度的考察，应重在现实表现。对教师教学业务能力和专业知识的考核，应以实际教学业务能力和教学效果为主，并应根据其所教学科的内容和范围拟定合理的评定办法。对教师文化程度的评定，要根据其应具备的学历确定考试内容和范围，并要拟定科学的评定标准"。在教师考核结果运用方面，该意见指出，"经考核合格，胜任教育教学工作的教师，发给合格证件"；"经考核，能基本胜任教育教学工作，但文化、专业知识或业务能力不完全合格的教师，应从实际出发，采取灵活多样的办法，予以培训提高，使之较快地成为合格教师"；"经考核不合格，不能胜任教学工作，但在教育教学工作上尚有培养前途的教师，应有计划、有步骤地进行培训"；"经考核不合格，又不适于做教育教学工作的，调离教学岗位"，改作其他工作；"对解聘人员，要认真做好思想政治工作，妥善安置"。①

1986 年 5 月，原国家教育委员会颁布《中学教师职务试行条例》《小学教师职务试行条例》和《关于中小学教师职务试行条例实施意见》，确立了中小学教师职务的各种不同类别，规定了不同教师职务的考核内容、评聘主体和考核办法等，以充分调动和发挥中学和小学教师"为社会主义教育事业服务的积极性和创造性，激励教师不断提高政治思想觉悟、文化业务水平和履行职责的能力，努力完成本职工作"。《中学教师

---

① 法律快车. 国家教育委员会关于中、小学教师队伍调整整顿和加强管理的意见 [EB/OL]. (2018-11-26) [2022-06-18]. https://law.lawtime.cn/d544549549643.html.

职务试行条例》提出，聘任或任命教师职务须经教师职务评审委员会从"政治思想、文化专业知识水平、教育教学能力、工作成绩和履行职责"等方面进行评审；"中学教师职务的评审工作，由省、地、县三级教育行政部门领导，并分别设立中学教师职务评审委员会"，"学校设立评审小组，由县级教育行政部门批准"；评审时，"应由本人提供政治思想、教育教学工作总结和履行职责情况"，填写评审申报表，"经过相应的评审组织评审后，报主管部门审核"；中学高级、一级教师的任职条件分别由省级、地级评审委员会审定，中学二级和三级教师的任职条件由县级评审委员会审定；聘任或任命教师担任职务"每一任期一般为三至五年，可以续聘或连任"。《关于中小学教师职务试行条例实施意见》提出，中小学"各级评审委员会成员由同级教育行政部门聘任，任期 2～3 年，根据工作需要也可连任。学校评审小组成员由教师酝酿推荐，校务委员会或学校领导集体讨论确定，报县级教育行政部门批准。各级评审委员会是常设机构，下设办公室，配备专职人员负责日常工作。各级评审委员会在评审教师任职条件时，出席的人数应不少于全体委员的 2/3。评审意见必须采取无记名投票方式表决，并经全体委员半数以上同意方可通过。"①

　　1993 年 1 月，原国家教育委员会发布《特级教师评选规定》，提出特级教师的评选条件、程序和获评特级教师的待遇与职责等。根据该规定，特级教师的评选条件包括："（一）坚持党的基本路线，热爱社会主

---

　　① 中华人民共和国教育部网站. 关于转发国家教育委员会中、小学教师职务试行条例等文件的通 知 [EB/OL]. (2010-01-29) [2022-06-18]. http://www.moe.gov.cn/s78/A04/s7051/201001/t20100129_180695. html.

义祖国，忠诚人民的教育事业；认真贯彻执行教育方针；一贯模范履行教师职责，教书育人，为人师表。（二）具有中小学校高级教师职务。对所教学科具有系统的、坚实的理论知识和丰富的教学经验；精通业务，严谨治学，教育教学效果特别显著。或者在学生思想政治教育和班主任工作方面有突出的专长和丰富的经验，并取得显著成绩；在教育教学改革中勇于创新或在教学法研究、教材建设中成绩卓著。在当地教育界有声望。（三）在培训提高教师的思想政治、文化业务水平和教育教学能力方面做出显著贡献。"特级教师的评选程序包括："（一）在学校组织教师酝酿提名的基础上，地（市）、县教育行政部门可在适当范围内，广泛征求意见，通过全面考核，确定推荐人选，报省、自治区、直辖市教育行政部门。（二）省、自治区、直辖市教育行政部门对地（市）、县的推荐人选审核后，送交由教育行政部门领导、特级教师、对中小学教育有研究的专家、校长组成的评审组织评审。（三）省、自治区、直辖市教育行政部门根据特级教师评审组织的意见确定正式人选报省、自治区、直辖市人民政府批准，并报国务院教育行政部门备案。"授予特级教师称号，颁发特级教师证书，在各省、自治区、直辖市庆祝教师节大会上进行"。关于特级教师的待遇和职责，根据该规定，对获评特级教师称号的教师，要采用多种形式宣传其优秀事迹，推广其先进经验；"特级教师享受特级教师津贴，每人每月 80 元，退休后继续享受，数额不减"；特级教师要模范做好本职工作，"不断钻研教育教学理论，坚持教育教学改革实验；研究教育教学中普遍存在的问题，积极主动提出改进办法；通过各种方式培养提高年轻教师"；"不断地总结教育教学、教育科学研究等方面的经验，并向学校和教育行政部门汇报"。[①]

　　1993 年 10 月，第八届全国人民代表大会常务委员会第四次会议通过《中华人民共和国教师法》，明确了对教师的考核内容、考核要求和考核结果运用，规定"学校或者其他教育机构应当对教师的政治思想、业务水平、工作态度和工作成绩进行考核"，"教育行政部门对教师的考核工作进行指导、监督"；"考核应当客观、公正、准确，充分听取教师本人、其他教师以及学生的意见"，"教师考核结果是教师受聘任教、晋升工资、实施奖惩的依据"。[②] 1995 年 3 月第八届全国人民代表大会第三次会议通过而后历经三次修正的《中华人民共和国教育法》明确了教师的资格、职务、聘任和奖惩制度，规定"国家实行教师资格、职务、聘任制度，通过考核、奖励、培养和培训，提高教师素质，加强教师队伍建设"；学校及其他教育机构"聘任教师及其他职工，实施奖励或者处分"。[③]

　　1998 年 1 月，原国家教育委员会出台《教师和教育工作者奖励规定》，提出评选"全国优秀教师"和"全国优秀教育工作者"的基本条件和程序。评选基本条件包括："热爱社会主义祖国，坚持党的基本路线，忠诚人民的教育事业，模范履行职责，具有良好的职业道德，并具备下列条件之一：（一）全面贯彻教育方针，坚持素质教育思想，热爱学生，关心学生的全面成长，教书育人，为人师表，在培养人才方面成绩

---

① 中华人民共和国教育部网站. 特级教师评选规定 [EB/OL]. (1993-01-10) [2022-06-18]. http://www.moe.gov.cn/srcsite/A02/s5911/moe_621/199301/t19930110_81916.html.

② 中国政府门户网站. 中华人民共和国教师法 [EB/OL]. (2005-05-25) [2022-06-18]. http://www.gov.cn/banshi/2005-05/25/content_937.htm.

③ 中国政府门户网站. 中华人民共和国教育法 [EB/OL]. (2005-05-25) [2022-06-18]. http://www.gov.cn/banshi/2005-05/25/content_918.htm.

显著；（二）认真完成教育教学工作任务，在教学改革、教材建设、实验室建设、提高教育教学质量方面成绩突出；（三）在教育教学研究、科学研究、技术推广等方面有创造性的成果，具有较大的科学价值或者显著的经济效益、社会效益；（四）在学校管理、服务和学校建设方面有突出成绩。""全国模范教师""全国教育系统先进工作者"和"全国优秀教师""全国优秀教育工作者"的评选，由各省级教育行政部门向国务院教育行政部门按规定比例推荐，各省级教育行政部门分别会同"当地教育工会、教师奖励组织和政府人事部门负责组织"本地区的评审和推荐工作。①

21 世纪以来，中小学教师评价体系的有关政策随着新时代需求、教师队伍发展和教师评价的新要求接续出台。

2001 年 6 月，教育部印发《基础教育课程改革纲要（试行）》，针对教师评价实践中评价主体相对单一的问题，确立了基于多元评价主体的教师评价体系，提出"建立促进教师不断提高的评价体系"，要求"建立以教师自评为主，校长、教师、学生、家长共同参与的评价制度"。②

2002 年 12 月，教育部印发《关于积极推进中小学评价与考试制度改革的通知》，提出建立评价内容、主体、方法多元化的中小学教师评价体系。该通知提出，"建立有利于实施素质教育、发挥教师创造性的

---

① 中华人民共和国教育部网站. 教师和教育工作者奖励规定 [EB/OL]. (2008-04-14) [2022-06-18]. http://www.moe.gov.cn/srcsite/A02/s5911/moe_621/199801/t19980108_81874.html.

② 中华人民共和国教育部网站. 教育部关于印发《基础教育课程改革纲要（试行）》的通知 [EB/OL]. (2001-06-08) [2022-06-18]. http://www.moe.gov.cn/srcsite/A26/jcj_kcjcgh/200106/t20010608_167343.html.

多元的、新型中小学教师评价体系"；"充分发挥评价的促进发展功能，使评价过程成为促进教学发展与提高的过程"；教师评价制度改革要"有利于加强教师职业道德建设，促进教师业务水平的提高"；中小学教师评价内容要多元化，"既要重视教师业务水平的提高，也要重视教师的职业道德修养"；评价标准既应注意对教师的统一要求，也要关注个体差异及不同发展需求，为教师的个性和特色发展提供一定空间。根据该通知的要求，具体评价内容包括四个方面。一是职业道德："志存高远，爱国敬业；为人师表，教书育人；严谨笃学，与时俱进；热爱教育事业，热爱学生；积极上进，乐于奉献；公正、诚恳，具有健康心态和团结合作的团队精神"。二是了解和尊重学生："能全面了解、研究、评价学生；尊重学生，关注个体差异，鼓励全体学生充分参与学习；形成相互激励、教学相长的师生关系，赢得学生的信任和尊敬"。三是教学方案的设计与实施："能依据课程标准的基本要求确定教学目标，积极利用现代教育技术，选择利用校内外学习资源，设计教学方案，使之适合于学生的经验、兴趣、知识水平、理解能力和其他能力；善于与学生共同创造学习环境，为学生提供讨论、质疑、探究、合作、交流的机会；引导学生创新与实践"。四是交流与反思："积极、主动与学生、家长、同事、学校领导进行交流和沟通，能对自己的教育观念、教学行为进行反思，并制定改进计划；求真务实，勇于创新，严谨自律，热爱学习"。同时，该通知专门强调"不得以学生考试成绩作为评价教师的唯一标准"；"未经教育行政部门批准，任何社会团体、民间学术机构组织的教学评比结果不得作为教师晋升、提级、评优等的依据"。在教师评价主体方面，该通知强调教师评价主体要多元化，要重视教师在评价过程中的作用，"使评价成为教育行政部门、学校、教师、学生和家长共同参与的交互活动"，"建立以教师自评为主，学校领导、同事、家长、学生共同参与的教师评价制度"。在教师评价方法方面，该通知强调教师评价方法要多样化，要"研究制定便于评价者普遍使用的科学、简便易行的评价办法"，探索有利于引导教师"进行积极的自评与他评的评价方法"；教师评价"不仅要注重结果，更要注重发展和变化过程"，"要把形成性评价与终结性评价结合起来，使发展变化的过程成为评价的组成部分"；"建立以校为本、以教研为基础的教师教学个案分析、研讨制度，引导教师对自己或同事的教学行为进行分析、反思与评价，提高全体教师的专业水平"。[①]

2008 年 12 月，教育部印发《教育部关于做好义务教育学校教师绩效考核工作的指导意见》，确立了义务教育学校教师绩效考核制度，明确了教师绩效考核的主体、内容和结果运用方式。该意见提出，科学有效实施教师绩效考核，是"完善教师激励约束机制、努力构建充满生机与活力的教师人事制度的重要任务"，"对于加强教师队伍建设，充分调动广大教师的积极性、主动性和创造性，具有极其重要的导向作用"。该意见要求"建立符合教育教学规律和教师职业特点的教师绩效考核制度，为绩效工资分配更好地体现教师的实绩和贡献、更好地发挥激励功能提供制度保障"。根据该意见，绩效考核主体要多元化，要"尊重教育

---

① 中华人民共和国教育部网站 . 教育部关于积极推进中小学评价与考试制度改革的通知 [EB/OL]. (2002-12-18) [2022-06-18]. http://www.moe.gov.cn/srcsite/A26/s7054/200212/t20021218_78509.html.

规律，尊重教师的主体地位"，教师自评要与学科组、年级组、考核组的评议相结合，"同时适当听取学生、家长及社区的意见"，"充分发挥校长、教师和学校在绩效考核中的作用"。根据该意见，绩效考核内容应"以德为先，注重实绩"；"把师德放在首位，注重教师履行岗位职责的实际表现和贡献"；"鼓励教师全身心投入教书育人工作，引导教师不断提高自身素质和教育教学能力"。具体绩效考核内容主要是：教师履行法定职责，"完成学校规定的岗位职责和工作任务的实绩，包括师德和教育教学、班主任工作等方面的实绩"。师德主要考核"教师遵守《中小学教师职业道德规范》的情况，特别是为人师表、爱岗敬业、关爱学生的情况"，"教师不得以任何理由、任何方式有碍完成教育教学任务，不得以非法方式表达诉求、干扰正常教育教学秩序、损害学生利益，并将此作为教师绩效考核合格的必备的基本要求"。教育教学主要考核"教师从事德育、教学、教育教学研究、教师专业发展的情况。德育工作是每个教师应尽的责任，要结合所教学科特点，考核教师在课堂教学中实施德育的情况；教学工作重点考核教学工作量、教学准备、教学实施、教学效果，以及组织课外实践活动和参与教学管理的情况；对教学效果的考核，主要以完成国家规定的教学目标、学生达到基本教育质量要求为依据，不得把升学率作为考核指标，要引导教师关爱每个学生，特别是学习上有困难或品行上有偏差的学生。教育教学研究工作重点考核教师参与教学研究活动的情况。教师专业发展重点考核教师拓展专业知识、提高教育教学能力的情况"。根据该意见，绩效考核结果"要作为绩效工资分配的主要依据"，"对履行了岗位职责、完成了学校规定的教育教学工作任务的教师，全额发放基础性绩效工资；对有突出表现或做出突出贡献的教师，视不同情况发放奖励性绩效工资。要根据绩效考核结果，合理确定奖励性绩效工资分配等次，坚持向骨干教师和做出突出成绩的教师倾斜，适当拉开分配差距"；"绩效考核结果也要作为教师资格认定、岗位聘任、职务晋升、培养培训、表彰奖励等工作的重要依据"；"教师对考核结果有不同意见，可通过正常渠道向学校考核工作组织和学校主管部门申诉"。①

2010 年 5 月，国务院常务会议审议通过《国家中长期教育改革和发展规划纲要（2010—2020 年)》，对中小学教师评价的内容和主体等提出要求和指明方向。该规划纲要提出，"建立以岗位职责为基础，以品德、能力和业绩为导向的科学化、社会化人才评价发现机制"；"将师德表现作为教师考核、聘任（聘用）和评价的首要内容"；"提高教师业务素质，改进教学方法，增强课堂教学效果，减少作业量和考试次数"；"严格教师资质，提升教师素质，努力造就一支师德高尚、业务精湛、结构合理、充满活力的高素质专业化教师队伍"；"开展由政府、学校、家长及社会各方面参与的教育质量评价活动"。②

2012 年 2 月，教育部发布小学和中学教师专业标准（试行），提出中小学教师专业标准作为教师考核等工作的重要依据。中小学教师专业标准的基本内容包括三大维度：专业理念与师德（职业理解与认识；对

---

① 中华人民共和国教育部网站. 教育部关于做好义务教育学校教师绩效考核工作的指导意见 [EB/OL]. (2008-12-13) [2022-06-18]. http://www.moe.gov.cn/srcsite/A04/s7051/200812/t20081231_180682.html.

② 中国政府网. 国家中长期教育改革和发展规划纲要 (2010-2020 年) [EB/OL]. (2010-07-29) [2022-06-18]. http://www.gov.cn/jrzg/2010-07/29/content_1667143.htm.

学生的态度与行为；教育教学的态度与行为；个人修养与行为）、专业知识（学生发展知识或教育知识，学科知识，教育教学或学科教学知识，通识性知识）和专业能力（教育教学设计，教学组织实施，班级管理与教育活动，教育教学评价，沟通与合作，反思与发展）。其中，《中学教师专业标准（试行）》提出，中学教师要"自我评价教育教学效果，及时调整和改进教育教学工作"，并"引导学生进行自我评价"。①

2012 年 6 月，教育部印发《国家教育事业发展第十二个五年规划》，提出完善教师考核评价制度和机制。该规划提出，"建立以能力和业绩为导向、以社会和业内认可为核心、覆盖各类中小学教师的评价机制"；"鼓励社会、家长、用人单位和第三方机构通过多种方式参与教育绩效评价"，"探索建立以同行专家评审为基础的中小学教师业内评价机制"；"严禁简单用升学率和考试成绩评价中小学教师"。②

2012 年 8 月，国务院发布《关于加强教师队伍建设的意见》，提出健全教师考核评价和师德考评制度。在教师评价主体方面，该意见提出，"探索实行学校、学生、教师和社会等多方参与的教师评价"。在教师评价内容方面，该意见提出，"完善重师德、重能力、重业绩、重贡献的教师考核评价标准"，"严禁简单用升学率和考试成绩评价中小学教师"；完善师德考评制度，把师德表现作为教师业绩考核的首要内容，

---

① 中华人民共和国教育部网站 . 教育部关于印发《幼儿园教师专业标准（试行）》《小学教师专业标准（试行）》和《中学教师专业标准（试行）》的通知 [EB/OL]. (2012-09-13) [2022-06-18]. http://www.moe.gov.cn/srcsite/A10/s6991/201209/t20120913_145603.html.

② 中华人民共和国教育部网站 . 教育部关于印发《国家教育事业发展第十二个五年规划》的通知 [EB/OL]. (2012-06-14) [2022-06-18]. http://www.moe.gov.cn/srcsite/A03/moe_1892/moe_630/201206/t20120614_139702.html.

"对教师实行师德表现一票否决制"。在教师职称制度改革方面，该意见提出，"分类推进教师职务（职称）制度改革，完善符合各类教师职业特点的职务（职称）评价标准"，"建立统一的中小学教师职务（职称）系列"，"研究完善符合村小学和教学点实际的职务（职称）评定标准"，"职务（职称）晋升向村小学和教学点专任教师倾斜。城镇中小学教师在评聘高级职务（职称）时，要有一年以上在农村学校或薄弱学校任教经历。"在教师荣誉制度方面，该意见提出，"改进特级教师评选和管理工作，更好发挥特级教师的示范带动作用"；"探索建立国家级教师荣誉制度"，"继续做好全国模范教师和全国教育系统先进工作者表彰工作，对在农村地区长期从教、贡献突出的教师加大表彰奖励力度。定期开展教学名师奖评选，重点奖励在教学一线作出突出贡献的优秀教师。研究完善国家级教学成果奖。鼓励各地按照国家有关规定开展教师表彰奖励工作。"[①]

2014 年 8 月，教育部、财政部、人力资源和社会保障部发布《关于推进县（区）域内义务教育学校校长教师交流轮岗的意见》，要求表彰奖励参加交流轮岗并有突出贡献的校长教师。该意见提出，"对参加交流轮岗并做出突出贡献的校长教师，要在各级评优表彰工作中予以倾斜，按照国家有关规定予以表彰奖励"；"要将教师到农村学校、薄弱学校任教 1 年以上的工作经历"作为申报评审特级教师的必备条件，"在乡村学校任教 3 年以上（含城镇学校交流、支教教师）、经考核表现突出

---

① 中国政府网. 国务院关于加强教师队伍建设的意见 [EB/OL]. (2012-09-07) [2022-06-18]. http://www.gov.cn/zwgk/2012-09/07/content_2218778.htm.

并符合具体评价标准条件的教师，同等条件下优先评聘"。[①]

2015 年 8 月，人力资源社会保障部、教育部印发《关于深化中小学教师职称制度改革的指导意见》，明确中小学教师职称制度改革的内容、标准、评审主体、办法、程序等，标志着中小学教师职称制度改革在全国范围全面推开。该意见提出，"为深化教育领域综合改革，切实加强中小学教师队伍建设"，"决定在全国范围全面推开中小学教师职称制度改革"；这"对于加强教师队伍建设，激励广大教师教书育人，吸引和稳定优秀人才长期从教、终身从教，具有重大意义"。在中小学教师职称制度机制方面，该意见要求"建立以同行专家评审为基础的业内评价机制"，"扩大评委会组成人员的范围，注重遴选高水平的教育教学专家和经验丰富的一线教师"。在中小学教师职称评审内容和标准方面，该意见要求"坚持重师德、重能力、重业绩、重贡献"；完善评价标准，坚持育人为本、德育为先，注重师德素养、教育教学业绩、教育教学方法和教育教学一线实践经历，"切实改变过分强调论文、学历的倾向，引导教师立德树人，爱岗敬业，积极进取，不断提高实施素质教育的能力和水平"；国家制定评价基本标准条件，各省份根据本地教育发展情况，结合各类中小学特点和教育教学实际，制定教师评价标准条件，"综合考虑乡村小学和教学点实际，对农村教师予以适当倾斜"；"中小学正高级教师、高级教师的具体评价标准条件要体现中学、小学的不同特点和要求，有所区别"；"对于少数特别优秀的教师，可制定相应的破格评审

[①] 中华人民共和国教育部网站 . 教育部 财政部 人力资源和社会保障部关于推进县（区）域内义务教育学校校长教师交流轮岗的意见 [EB/OL]. (2014-09-03) [2022-06-18]. http://www.moe.gov.cn/srcsite/A10/s7151/201408/t20140815_174493.html.

条件"。该意见指出，中小学教师水平评价基本标准条件包括："具有良好的思想政治素质和职业道德，牢固树立爱与责任的意识，爱岗敬业，关爱学生，为人师表，教书育人"；"具备相应的教师资格及专业知识和教育教学能力，在教育教学一线任教，切实履行教师岗位职责和义务"；"身心健康"。该意见提出，正高级教师应具备的特定标准条件是："1. 具有崇高的职业理想和坚定的职业信念；长期工作在教育教学第一线，为促进青少年学生健康成长发挥了指导者和引路人的作用，出色地完成班主任、辅导员等工作任务，教书育人成果突出；2. 深入系统地掌握所教学科课程体系和专业知识，教育教学业绩卓著，教学艺术精湛，形成独到的教学风格；3. 具有主持和指导教育教学研究的能力，在教育思想、课程改革、教学方法等方面取得创造性成果，并广泛运用于教学实践，在实施素质教育中，发挥了示范和引领作用；4. 在指导、培养一级、二级、三级教师方面做出突出贡献，在本教学领域享有较高的知名度，是同行公认的教育教学专家；5. 一般应具有大学本科及以上学历，并在高级教师岗位任教 5 年以上"；高级教师除应具备特定标准条件外，"城镇中小学教师原则上要有 1 年以上在薄弱学校或农村学校任教经历"。在中小学教师职称评审的方式和程序方面，该规定指出，中小学教师职称评审"采取说课讲课、面试答辩、专家评议等多种评价方式"；"健全评委会工作程序和评审规则，建立评审专家责任制"；"全面推行评价结果公示制度，增加评审工作的透明度"；"建立健全考核制度，加强聘后管理，在岗位聘用中实现人员能上能下"；"健全完善评聘监督机制，充分发挥有关纪检监察部门和广大教师的监督作用，确保评聘程序公正规范，评聘过程公开透明。评聘工作按照个人申报、考核推荐、专家评审、学校聘用的基本程序进行";个人申报"要按照不低于国家和当地制定的评价标准条件,按规定程序向聘用学校提出申报";考核推荐时,学校"对参加竞聘的教师,要结合其任现职以来各学年度的考核情况,通过多种方式进行全面考核。根据考核结果,经集体研究,由学校在核定的教师岗位结构比例内按照一定比例差额推荐拟聘人选参加评审";专家评审"由同行专家组成的评委会,按照评价标准和办法,对学校推荐的拟聘人选进行专业技术水平评价。评审结果经公示后,由人力资源社会保障部门审核确认";学校聘用环节,由中小学"根据聘用制度的有关规定,将通过评审的教师聘用到相应岗位"。①

2017 年 1 月,中共中央办公厅 国务院办公厅印发《关于深化职称制度改革的意见》,要求创新职称评价机制。该意见提出,"建立以同行专家评审为基础的业内评价机制,注重引入市场评价和社会评价","采用考试、评审、考评结合、考核认定、个人述职、面试答辩、实践操作、业绩展示等多种评价方式,提高职称评价的针对性和科学性";加强职称评审监督,"完善各级职称评审委员会核准备案管理制度,明确界定评审委员会评审的专业和人员范围";"完善评审专家遴选机制,加强评审专家库建设",实行动态管理;"健全职称评审委员会工作程序和评审规则,严肃评审纪律","强化评审考核,建立倒查追责机制";"建立职称评审公开制度,实行政策公开、标准公开、程序公开、结果公

---

① 中华人民共和国教育部网站.人力资源社会保障部 教育部关于印发《关于深化中小学教师职称制度改革的指导意见》的通知 [EB/OL]. (2015-08-28) [2022-06-18]. http://www.moe.gov.cn/jyb_xxgk/moe_1777/moe_1779/201509/t20150902_205165.html.

开";"建立职称评审回避制度、公示制度和随机抽查、巡查制度,建立复查、投诉机制,加强对评价全过程的监督管理,构建政府监管、单位(行业)自律、社会监督的综合监管体系";改进职称管理服务方式,下放职称评审权限,加强宏观管理和事中事后监管,发挥学校在职称评审中的主导作用,"科学界定、合理下放职称评审权限",加强自主评审监管。[①]

2018年1月,中共中央 国务院印发《关于全面深化新时代教师队伍建设改革的意见》,提出深化新时代教师队伍考核评价制度等改革。该意见对师德考评、绩效工资激励和教师评选表彰等提出改革要求,要求"强化师德考评,体现奖优罚劣,推行师德考核负面清单制度";"健全和完善绩效工资激励机制,优化绩效工资结构,突出岗位在基础性绩效工资结构中的权重";大力宣传教师中的"时代楷模"和"最美教师","开展国家级教学名师、国家级教学成果奖评选表彰,重点奖励贡献突出的教学一线教师。做好特级教师评选,发挥引领作用。做好乡村学校从教30年教师荣誉证书颁发工作。"该意见还提出,深化中小学教师职称制度改革,进一步完善教师职称评价标准,"坚持德才兼备、全面考核,突出教育教学实绩,引导教师潜心教书育人","不简单用升学率、学生考试成绩等评价教师";"将中小学教师到乡村学校、薄弱学校任教1年以上的经历作为申报高级教师职称"的必要条件。[②]

① 中国政府网.中共中央办公厅 国务院办公厅印发《关于深化职称制度改革的意见》[EB/OL].(2017-01-08) [2022-06-18]. http://www.gov.cn/xinwen/2017-01/08/content_5157911.html.

② 中国政府网.中共中央 国务院关于全面深化新时代教师队伍建设改革的意见 [EB/OL].(2018-01-20) [2022-06-18]. http://www.gov.cn/gongbao/content/2018/content_5266234.htm.

2018 年 11 月，教育部印发新时代中小学教师职业行为十项准则，明确新时代教师职业规范，要求在教师职称评聘、推优评先、表彰奖励等工作中进行师德考核，实行师德失范"一票否决"。①

2019 年 12 月，中共中央办公厅 国务院办公厅出台《关于减轻中小学教师负担进一步营造教育教学良好环境的若干意见》，提出减轻中小学教师负担，进一步营造教育教学的良好环境。该意见指出，"聚焦教师立德树人、教书育人主责主业"，科学开展考核评估；"必须牢固树立教师的天职是教书育人的理念，切实减少对中小学校和教师不必要的干扰"；"各部门开展涉及中小学校和教师的督查检查评比考核事项，按照归口管理原则，实行年度计划和审批报备制度"；"除教育部门外，其他部门不得自行设置以中小学教师为对象的督查检查评比考核事项，确需开展的要商教育部门，按程序报批后实施。涉及中小学校和教师的督查检查评比考核事项，由同级教育部门统筹协调开展，同类事项可合并进行，涉及多部门的联合组团开展，严格按要求按程序进行"，"坚决避免对学校和教师随意提出要求"。②

2020 年 7 月，教育部等六部门联合印发《关于加强新时代乡村教师队伍建设的意见》，要求职称评聘向乡村倾斜。该意见提出，"对长期在乡村和艰苦边远地区从教的中小学教师，职称评审放宽学历要求，不作

---

① 中华人民共和国教育部网站 . 教育部关于印发《新时代高校教师职业行为十项准则》《新时代中小学教师职业行为十项准则》《新时代幼儿园教师职业行为十项准则》的通知 [EB/OL]. (2018-11-14) [2022-06-18]. http://www.moe.gov.cn/srcsite/A10/s7002/201811/t20181115_354921.html.

② 中国政府网 . 中共中央办公厅 国务院办公厅印发《关于减轻中小学教师负担进一步营造教育教学良好环境的若干意见》[EB/OL]. (2019-12-15) [2022-06-18]. http://www.gov.cn/zhengce/2019-12/15/content_5461432.htm.

论文、职称外语和计算机应用能力要求，坚决破除'唯论文、唯帽子'不良导向，提高教育教学实绩的评价权重。实行乡村教师和城镇教师分开评审。允许乡村小学教师按照所教学科评聘职称，不受所学专业限制。适当提高中小学中高级岗位结构比例，向乡村教师倾斜，乡村学校中高级专业技术岗位设置比例不低于当地城镇同类学校标准。对长期在乡村学校任教的教师，职称评聘可按规定'定向评价、定向使用'，并对中高级岗位实行总量控制、比例单列，可不受所在学校岗位结构比例限制。"①

2020 年 9 月，教育部等八部门印发《关于进一步激发中小学校办学活力的意见》，提出要注重评价学校的办学成效，并在教师绩效工资分配和教师职称评定等方面保障学校应有的办学自主权、强化校内激励作用。该意见提出，"建立健全以发展素质教育为导向的学校办学质量评价体系"，"更加注重评价学校提高办学质量的实际成效"，并作为对教师"实施考核表彰的重要依据"；"树立正确的政绩观和科学的教育质量观"，"不得以中高考成绩或升学率片面评价"教师，坚决克服"唯升学"和"唯分数"倾向。在教师绩效工资分配方面，该意见提出，"奖励性绩效工资由学校在考核的基础上自主分配，充分发挥绩效工资的激励功能"。在教师职称评定方面，该意见提出，"按照核定的岗位设置方案，中初级职称和岗位由具备条件的学校依据标准自主评聘，高级职称和岗位按照管理权限由学校推荐或聘用，并依据教师的工作表现和实

---

① 中华人民共和国教育部网站. 教育部等六部门关于加强新时代乡村教师队伍建设的意见 [EB/OL]. (2020-08-28) [2022-06-18]. http://www.moe.gov.cn/srcsite/A10/s3735/202009/t20200903_484941.html.

际业绩，推动教师岗位能上能下、人员能进能出"。在强化校内激励作用方面，该意见要求"充分激发广大教师的教育情怀和工作热情"，"注重精神荣誉激励，积极开展优秀教师、教学能手、师德标兵和优秀教学团队等评选活动，充分展示教师的突出表现；强化专业发展激励，鼓励和保障教师参加培训、教研、学术研究等活动，及时帮助教师诊断改进教育教学问题，提高教育教学能力，促进教师专业成长；完善岗位晋升激励，切实落实教师岗位职责，把师德表现和教育教学实绩作为岗位晋升的重要依据；健全绩效工资激励，完善学校绩效工资分配办法，向教育教学实绩突出的一线教师和班主任倾斜"，"新增绩效工资总量主要用于奖励性绩效工资分配，进一步提高奖励性绩效工资在绩效工资总量中的占比"；"突出关心爱护激励，坚持把解决思想问题与实际问题相结合，加强思想政治工作和人文关怀，增强教师职业荣誉感和幸福感"；加大优秀教师表彰宣传力度，"对具有高级职称、坚持在教学一线工作至退休且教学业绩突出的教师，尤其是长期在艰苦边远地区工作的乡村教师，要加大荣誉表彰和物质奖励力度，促进优秀教师长期从教、终身从教"。[①]

　　2020年10月，中共中央 国务院印发《深化新时代教育评价改革总体方案》，针对新时代教育评价改革以及中小学教师绩效考核制度等提出改革措施。该方案提出，健全引导教师潜心育人的评价制度，促进学生全面发展，推动更加科学的社会选人用人方式；"到2035年，基本形

---

① 中华人民共和国教育部网站. 教育部等八部门关于进一步激发中小学办学活力的若干意见 [EB/OL]. (2020-09-22) [2022-06-18]. http://www.moe.gov.cn/srcsite/A06/s3321/202009/t20200923_490107.html.

成富有时代特征、彰显中国特色、体现世界水平的教育评价体系"。该
方案要求改进中小学评价内容，义务教育学校重点评价"引领教师专业
发展、提升教育教学水平、营造和谐育人环境、建设现代学校制度"等
情况；普通高中主要评价"学生全面发展的培养情况"，"突出实施学生
综合素质评价、开展学生发展指导、优化教学资源配置、有序推进选课
走班"等内容；"坚决纠正片面追求升学率倾向"，坚持正确政绩观，不
得以中高考升学率考核学校和教师；"扭转不科学的教育评价导向，坚决
克服唯分数、唯升学、唯文凭、唯论文、唯帽子的顽瘴痼疾，提高教育
治理能力和水平，加快推进教育现代化、建设教育强国、办好人民满意
的教育"。在教师评价内容方面，该方案提出"完善中小学教师绩效考核
办法，绩效工资分配向班主任倾斜，向教学一线和教育教学效果突出的
教师倾斜"；"坚持把师德师风作为第一标准"，把师德表现作为教师职称
评聘首要要求，"强化教师思想政治素质考察，推动师德师风建设常态
化、长效化"；"坚决克服重科研轻教学、重教书轻育人等现象"；突出教
育教学实绩，"把认真履行教育教学职责作为评价教师的基本要求，引
导教师上好每一节课、关爱每一个学生"；"探索建立中小学教师教学述
评制度，任课教师每学期须对每个学生进行学业述评，述评情况纳入教
师考核内容"；学校要明确教师参与学生工作的具体要求，"落实中小学
教师家访制度，将家校联系情况纳入教师考核"。在评价主体方面，该
方案要求"构建政府、学校、社会等多元参与的评价体系，建立健全教
育督导部门统一负责的教育评估监测机制，发挥专业机构和社会组织作
用"。在评价方法方面，该方案要求"强化过程评价，探索增值评价，健

全综合评价，充分利用信息技术，提高教育评价的科学性、专业性、客观性"。①

2021年3月，教育部等六部门印发《义务教育质量评价指南》，针对义务教育阶段存在的教育评价偏向尤其是过于重视学生考试分数和升学等问题，提出改进建议。该评价指南要求，"切实扭转不科学的教育评价导向，全面深化义务教育教学改革，促进义务教育内涵发展和质量提升，推进教育治理体系和治理能力现代化"；"有效发挥引导、诊断、改进、激励功能，促进义务教育优质均衡发展"，"充分激发教师教书育人的积极性、创造性"。在评价主体方面，该评价指南提出，义务教育质量"评价人员在教育法律法规和政策、教育教学、学校管理、督导评价等方面应具有较高理论素养、专业能力和丰富经验"。在评价内容方面，该评价指南提出，要坚持问题导向，完善评价内容，"突出全面育人和教育教学实绩，克服唯分数、唯升学的评价倾向，充分激发教师教书育人的积极性、创造性"。在评价过程和方法方面，该评价指南提出，要健全教学评价制度，注重教学诊断与改进；义务教育质量评价坚持以评促建，"强化过程性评价和发展性评价"；"注重优化评价方式方法，不断提高评价工作的科学性、针对性、有效性"，注重结果评价与增值评价相结合、综合评价与特色评价相结合、自我评价与外部评价相结合、线上评价与线下评价相结合。②

---

① 中国政府网. 中共中央 国务院印发《深化新时代教育评价改革总体方案》[EB/OL]. (2020-10-13) [2022-06-18]. http://www.gov.cn/zhengce/2020-10/13/content_5551032.htm.

② 中华人民共和国教育部网站. 教育部等六部门关于印发《义务教育质量评价指南》的通知 [EB/OL]. (2021-03-04) [2022-06-18]. http://www.moe.gov.cn/srcsite/A06/s3321/202103/t20210317_520238.html.

2021 年 7 月，中共中央办公厅 国务院办公厅印发《关于进一步减轻义务教育阶段学生作业负担和校外培训负担的意见》，要求将减轻义务教育阶段学生作业负担和校外培训负担纳入义务教育质量评价。该意见提出，"地方各级党委和政府要树立正确政绩观，严禁下达升学指标或片面以升学率评价学校和教师。认真落实义务教育质量评价指南，将'双减'工作成效纳入县域和学校义务教育质量评价，把学生参加课后服务、校外培训及培训费用支出减少等情况作为重要评价内容。"①

2021 年 12 月，教育部印发《普通高中学校办学质量评价指南》，针对普通高中教师评价过程中存在的教师评价内容和方法单一等问题提出优化和完善路径。该评价指南提出，要"科学判断学校为提高办学质量所付出的努力和取得的成效"，"树立正确激励导向，突出全面育人和教育教学实绩，克服唯分数、唯升学的评价倾向"，"将高考升学率作为全面实施素质教育的客观结果之一"。在评价方法方面，该评价指南提出，要"优化评价方式方法，不断提高评价工作的科学性、针对性、有效性"；坚持"结果评价与增值评价相结合"，"综合评价与特色评价相结合"，"外部评价与自我评价相结合"，"线上评价与线下评价相结合"，构建多方参与的外部评价体系，同时"引导学校积极开展常态化自我评价，激发内生办学活力，促进学校及时主动发现问题、解决问题"。在评价内容方面，该评价指南提出，评价指标要"完善校内绩效工资分配办法"，"将教师参与考试命题工作纳入绩效考核"；"加强师德师风建设、

---

① 中国政府网. 中共中央办公厅 国务院办公厅印发《关于进一步减轻义务教育阶段学生作业负担和校外培训负担的意见》[EB/OL]. (2021-07-24) [2022-06-18]. http://www.gov.cn/zhengce/2021-07/24/content_5627132.htm.

重视教师专业成长";不给教师下达升学指标,"不将升学率与教师评优评先及职称晋升挂钩"。在评价结果运用和激励方面,该评价指南提出,要"完善校内教师激励体系","注重精神荣誉激励、专业发展激励、岗位晋升激励、绩效工资激励、关心爱护激励"。①

2022 年 4 月,教育部等八部门印发《新时代基础教育强师计划》,对中小学教师的师德评价、荣誉表彰和职称评审等提出要求。该计划提出,将师德师风建设"贯穿教师管理全过程",在职称评审、年度考核和评优表彰等工作中"严格落实师德师风第一标准";"完善教师荣誉表彰制度,加大优秀教师典型表彰宣传力度"。在职称评审方面,要"深化教师职称改革,完善岗位管理制度","进一步落实学校办学自主权,具备条件的学校在岗位结构比例范围内依据标准自主评聘中、初级职称和岗位,按照管理权限推荐或聘用高级职称和岗位,鼓励地方进一步探索具备条件的学校在岗位结构比例范围内自主评聘高级职称和岗位";"完善交流轮岗激励机制,将到农村学校或薄弱学校任教 1 年以上作为申报高级职称的必要条件";"充分考虑不同地域、不同学段、不同学科的特点和要求,进一步完善教师职称评价标准,实行分类评价",对长期在乡村学校任教的中小学教师,其职称评聘可按照规定"定向评价、定向使用","中高级岗位实行总量控制、比例单列,不受各地岗位结构比例限制"。②

---

① 中华人民共和国教育部网站. 教育部关于印发《普通高中学校办学质量评价指南》的通知 [EB/OL]. (2022-01-05) [2022-06-18]. http://www.moe.gov.cn/srcsite/A06/s3732/202201/t20220107_593059. html.

② 中华人民共和国教育部网站. 教育部等八部门关于印发《新时代基础教育强师计划》的通知 [EB/OL]. (2022-04-11) [2022-06-18]. http://www.moe.gov.cn/srcsite/A10/s7034/202204/t20220413_616644. html.

可见，我国的中小学教师评价政策基于教育形势变化、教师队伍发展、教师评价需求，经历了一个持续发展和完善的过程。随着时代的发展和高素质教师队伍建设的要求，中小学教师评价政策不断走向完善、规范。

在国家中小学教师评价政策的引领下，各地结合国家政策，对当地中小学教师评价进行政策规制。北京市基于本市城市发展总体规划，结合首都基础教育定位，着眼于办人民满意的首都教育，构建具有当地特色的中小学教师评价制度机制。

2005 年 1 月，国务院批复同意修编后的《北京城市总体规划（2004年—2020 年）》，指出北京城市的发展建设要"为科技和教育发展服务"，要"突出首都的特点，充分发挥科技优势，加快发展现代服务业、高新技术产业"。[①] 这意味着北京市急需培养大量优秀和高端人才。为此，优化北京市中小学教师评价制度，不断提升中小学教师队伍素质和中小学教育教学质量，成为基础性、紧迫性的任务。随后，在新时代背景下，党和国家又对北京市教育事业发展提出新期望。2017 年 9 月，中共中央、国务院批复同意《北京城市总体规划（2016 年—2035 年）》，指出北京是"全国政治中心、文化中心、国际交往中心、科技创新中心"，要"为科技和教育发展服务"，"大力加强科技创新中心建设，深入实施创新驱动发展战略"。[②]

在国家有关该市总体规划政策以及国家有关中小学教师评价政策的

---

① 中国政府网.国务院关于北京城市总体规划的批复 [EB/OL]. (2005-01-27) [2022-06-18]. http://www.gov.cn/zhengce/content/2008-03/28/content_5625.htm.

② 中国政府网.中共中央 国务院关于对《北京城市总体规划（2016 年 - 2035 年）》的批复 [EB/OL]. (2017-09-27) [2022-06-18]. http://www.gov.cn/zhengce/2017-09/27/content_5227992.htm.

指引下，北京市针对当地中小学教师考核和评价做出了立足本地的政策规定，颁布了一系列有关当地中小学教师评价的政策文件，有力指导和促进了北京市的中小学教师评价实践。

2010年1月，北京市教育委员会公布《北京市义务教育学校教职工绩效考核试行办法》，试行义务教育学校绩效工资制度改革，明确了义务教育学校教师绩效考核的内容、程序、结果运用等。在绩效考核内容方面，要求"正确评价教职工的德才表现和工作业绩"，"突出对品德、能力、知识、业绩等方面的要求，具体内容包括职业道德、工作表现和工作绩效"。职业道德包括"政治表现和师德师风"，主要考查教师"执行《中小学教师职业道德规范》的情况"；工作表现包括"工作态度、业务能力、研究能力"，主要考查教师的"教学能力、教研能力及履行《教师法》《义务教育法》规定的教师义务的情况"；工作绩效包括"完成工作的数量、时效、质量、取得效益及业务发展"，主要考查教师的"教学效果、教研成果、育人成效、专业发展的情况"；"承担班主任工作的教职工，还须参加班主任工作考核，其考核结果作为发放班主任津贴的依据"。学年度考核的基本程序包括："（一）被考核人个人总结。（二）教职工在一定范围内述职，进行无记名考核测评，由被考核人的主管负责人听取其他教职工和有关人员意见，根据考核情况和被考核人的总结，写出考核评语，并提出考核建议等次。（三）学校考核小组对主管负责人提出的考核评语和建议等次进行审核，并确定考核等次。（四）将考核结果书面通知被考核人，并由本人签字确认。""教职工对考核结果如有异议，可以在接到考核结果通知次日起10个工作日内向考核小组申请复核。考核小组在 10 个工作日内提出复核意见，以书面形式通知教职工本人。如对复核意见有异议的，可在接到复核意见次日起 10 个工作日内再向上级主管部门提出申诉。"绩效考核方法"要注重实效，简便易行，宜于操作，实行领导和群众相结合，平时和定期相结合，定性和定量相结合，单项与综合相结合。考核要充分听取本人、其他教师以及相关人员的意见。具体可采取自评、其他教师和相关人员测评等方法进行。"绩效考核的结果分为"优秀、合格、基本合格和不合格四个等次"；"教职工在学年度考核中被确定为优秀、合格等次，具有教师资格认定、岗位聘任、职务晋升、工资晋升、培养培训、表彰奖励的资格；学年奖按本校学年奖标准全额发放"；"教职工学年度考核被确定为不合格等次，应予以低聘、转岗或解聘；学年奖不予发放"；"考核工作结束后，应及时根据考核结果，分析学校教职工队伍现状，总结经验，找出不足，提出整改意见，并将考核结果报送区、县教委。"[①]

2014 年 6 月，北京市教育委员会等三部门印发《关于建立我市中小学教师绩效奖励激励机制的实施方案》和《北京市中小学教师绩效奖励激励机制项目管理办法》，提出建立绩效奖励激励机制，"逐步构建符合教育教学和教师成长规律、导向明确、标准科学、体系完善的教师绩效考核评价制度，充分调动校长和教师工作的积极性，促进教育均衡发展和学校内涵发展"。绩效奖励激励机制增加的资金，主要用于支持"教师在小学课后班管理和中学社团活动辅导、中小学生个性化学习辅导、教

---

① 汇法网. 北京市教育委员会、北京市人力资源和社会保障局关于印发《北京市义务教育学校教职工绩效考核试行办法》的通知 [EB/OL]. (2010-01-10) [2022-06-18]. https://www.lawxp.com/statute/s620598.html.

育教学改革、教师交流与支教等工作中的奖励";要按"多劳多得,优绩优酬"原则,"重点向承担教育改革发展任务重,为促进教育均衡发展、提高学生综合素质付出努力的一线教师、骨干教师和做出突出成绩的教师倾斜,鼓励教师全身心投入到教书育人工作中,引导教师不断提高自身素质和教育教学能力"。①

2015 年 6 月,北京市教育委员会、北京市人力资源和社会保障局印发《北京市特级教师评选办法》,明确北京市特级教师评选条件,并要求向一线教师和农村教师等倾斜。北京市特级教师评选条件包括:"(一)热爱社会主义祖国,全面贯彻党的教育方针,践行社会主义核心价值观,模范遵守国家法律法规。热爱教师职业,模范履行教师职责,教书育人,立德树人,为人师表,团结协作,具有崇高的职业道德和奉献精神。(二)根据学科教学特点,注重理想信念教育,积极推进素质教育,注重培养学生的综合素质、创新精神和实践能力,促进学生全面发展,关爱学生成长,育人效果显著。(三)对所教学科具有系统的、坚实的理论和丰富的教学经验,在教学领域形成特色,教学示范作用明显,在本市教育界有一定影响。(四)具有较强的教育教学研究能力,在教学内容、教材教法和学生成长等方面有深入研究和独到见解并能在学科领域内发挥引领示范作用。(五)积极承担培养和指导青年教师任务,引领学校和区域内本学科教师队伍建设,在提高教师思想政治素质、业务水平和教育教学能力方面做出突出贡献。(六)具有《教师法》规定的合

---

① 北京市教育委员会网站.北京市教育委员会 北京市人力资源和社会保障局 北京市财政局关于印发建立我市中小学教师绩效奖励激励机制实施方案及配套文件的通知 [EB/OL]. (2014-06-30) [2022-06-18]. http://jw.beijing.gov.cn/xxgk/zfxxgkml/zfgkxzcwj/zwgkxzgfxwj/202001/t20200107_1562755.html.

格学历，且具有中学高级教师专业技术职务5年以上（含），特别优秀的中青年教师和农村学校教师专业技术职务任职年限可适当放宽。（七）近五年内正式出版过个人论著（译著），或近五年内在正式出版的期刊上独立（或以第一作者）署名发表本学科相关的论文，具有较高的学术价值与推广价值，对推进素质教育、提高教学质量具有积极指导作用。（八）在同等条件下，符合以下情形之一者，可优先考虑：1.具有从城镇学校到农村学校、优质学校到薄弱学校全职交流任教1年以上和到西部地区支教且表现突出的教师；2.国家级、市级劳动模范、优秀教师、优秀班主任及相当荣誉称号获得者；3.坚持在农村学校从事教育教学工作9年（含）以上的教师；4.担任班主任工作20年（含）以上的教师。""专任教师参评特级教师，须在近五年内承担过市级及以上教育教学主管部门组织的研究课1次或承担区级教育教学主管部门的研究课不少于3次；参加过教育行政部门组织的市级教学比赛并获奖。近五年来所承担的教学工作周课时数不少于8课时（学校正职领导以外兼课的行政人员，周课时数不少于6课时）。"各区县特级教师评选要体现向一线教师、农村教师和长期从事班主任工作的教师等倾斜。①

2016年4月，北京市人力资源和社会保障局、北京市教育委员会联合印发《北京市深化中小学教师职称制度改革实施方案》，要求建立"统一的中小学教师职称（职务）制度"，规定了职称制度改革的评审人员选用、评审内容和评审程序等。在评审人员选用方面，该方案规定，

① 北京市教育委员会网站.北京市教育委员会 北京市人力资源和社会保障局关于印发《北京市特级教师评选办法》的通知 [EB/OL]. (2015-06-30) [2022-06-18]. http://jw.beijing.gov.cn/tzgg/201601/t20160128_1448561.html.

"建立健全同行专家评审机制"，"完善评审专家随机抽取机制"；"根据各学科评审需求，优化专家库人员结构，扩大学科覆盖范围；积极发挥中央在京单位人才优势，聘请高水平的教育教学专家和经验丰富的一线教师参加评审工作；健全评委会工作程序和评审规则，建立评审专家责任制"。在评审内容标准方面，该方案要求完善评价标准，"坚持育人为本、德育为先，注重师德素养，注重教育教学工作业绩，注重教育教学方法，注重教育教学一线实践经历，切实改变过分强调论文、学历的倾向"；"具体评价标准条件要综合考虑农村小学和教学点实际，对农村教师予以适当倾斜"；从职业道德、业绩能力、学术成果和表彰奖励等方面，对中小学教师进行有效评价。该方案以附件发布的《北京市中小学教师专业技术职务申报条件》提出职称申报的基本条件包括："（一）拥护党的领导，胸怀祖国，热爱人民，遵守宪法和法律，贯彻党和国家的教育方针，忠诚于人民教育事业，具有良好的思想政治素质。（二）具有崇高的职业理想和坚定的职业信念，爱岗敬业，关爱学生，为人师表，教书育人，牢固树立爱与责任的意识。（三）具备相应的教师资格及专业知识和教育教学能力，工作在教育教学一线。承担相应职务的教育教学、教科研等工作任务，切实履行教师岗位职责和义务。（四）身心健康。""中小学教师评聘各等级专业技术职务，除必须达到上述基本条件"，还应分别具备各级教师应达到的标准条件。其中，申报正高级教师须具备以下标准条件：一是教书育人方面，"长期工作在教育教学一线，为促进学生健康成长发挥了指导者和引路人的作用，出色地完成班主任、辅导员等工作任务，教书育人成果突出"；二是课程教学方面，

"具有深厚的理论基础，精深的专业知识，深入系统地掌握所教学科课程体系，对学科课程体系建设有贡献。具有课程与教学领导力，能够创造性地对本学科、课程的教育教学方法进行改革，并取得良好效果。形成独到的教学风格、独特的教学思想和精湛的教学艺术，具有值得借鉴和推广的教学经验；教学业绩卓著"；三是教育教学研究方面，"具有主持、指导和引领本学科领域或一定区域内教育教学研究的能力。在教育思想、课程改革、教学方法等方面取得创造性成果，并广泛运用于教学实践，在实施素质教育中，发挥了示范和引领作用"；四是影响力方面，"在本学科教学领域享有很高的知名度，是同行公认的教育教学专家。在指导、培养一级、二级、三级教师方面做出突出贡献；在本区域或本校教育教学改革中发挥突出作用"；五是学历经历方面，"大学本科及以上学历毕业后，在高级教师岗位任教满 5 年"，"累计从事教育教学、教研、科研工作满 20 年；申报教育教学管理学科人员应累计从事教育教学和教育教学管理满 20 年，其中专职从事教育教学管理工作满 10 年，且现任中小学教育教学管理相关岗位主任及以上职务"。申报高级教师除须具备相应的标准条件外，"城镇中小学教师原则上要有 1 年以上在薄弱学校或农村学校任教经历"。"申报高级教师、一级教师的，参评年度前近 3 年内，每年周课时不少于 4 课时"。在评审方法和程序步骤方面，该方案要求"采取教案审核、讲课考查、面试答辩、专家评议等多种评价方式，对中小学教师的业绩、能力进行有效评价，确保评价结果的客观公正"；"二级教师、三级教师职称（职务）由用人单位按条件考核合格后直接聘任；一级教师、高级教师和正高级教师职称（职务）按照个人申报、考核推荐、专家评审、结果验收、学校聘用的基本程序进行评聘"。根据该实施方案的附件之一《北京市中小学教师专业技术职务评审办法》，评审工作应遵循以下程序：（一）个人申请。"校初级考评小组按照区人力社保局、教委下达的岗位结构比例或指标，公布拟聘岗位数额及申报条件。符合岗位需求和申报条件的教师，可自主向所在单位提出参评申请。校初级考评小组对申报教师进行资格审查，拟定参评人选。"（二）考核推荐。"校初级考评小组对参评教师进行综合考核"，"可结合其任现职以来各学年度的考核情况"对中小学教师"进行有效评价，确保考核结果客观公正"。"根据考核结果，确定二级教师、三级教师拟聘人选，并根据教师岗位结构比例，按照核准的拟聘岗位数额，择优推荐参评高级教师、一级教师人选，并在学校公示推荐人选。"（三）专家评审。"区高级评委会下设的学科评议组根据本区制定的量化评价标准，通过教案审核、讲课考查、面试答辩、专家评议等多种评价方式，对各单位推荐人选的业绩、能力进行量化评价，其评价意见作为区高级评委会评审表决的重要参考依据。""区高级评委会对推荐人选的师德品行、业务素养、教育教学业绩和能力进行综合评价，采取投票方式表决，确定相应等级职务。评审结果需由评审委员会全体委员三分之二以上（不含三分之二）出席并参加投票方为有效，通过人选需获得出席委员三分之二以上（不含三分之二）同意票数方可取得专业技术职务。""申报正高级教师专业技术职务人员须由区高级评委会按照我市正高级教师专业技术职务申报条件，结合我市下达给各区的指标，参照上述评价程序进行推荐。市正高级评委会根据国家下达的我市正高级教师评审数额，按照评价标准和评价程序对各区推荐人选进行评审,择优确定正高级教师人选。"(四)结果验收。"评审结束后,市正高级评委会、区高级评委会需将正高级教师、高级教师的评审结果报市人力社保局验收。市人力社保局对申报人员的评价标准条件、评委会的工作程序、评审材料的规范性进行检查,正高级教师评审结果报人力资源社会保障部、教育部备案,各区人力社保局对本区一级教师及以下等级专业技术职务评审结果组织验收。评审结果验收后,需在全区范围内进行公示。"(五)学校聘用。"学校根据公示结果,按照我市事业单位聘用管理制度的有关规定和要求,聘任教师到相应的岗位,并向所在区人力社保局和教委备案。区人力社保局将本区中小学教师专业技术职务聘任情况向市人力社保局备案后,由市人力社保局统一制作、颁发资格证书。任职时间自评审委员会表决通过之日起计算。"①

2016 年 6 月,北京市教育委员会印发《关于进一步推进义务教育学校校长教师交流轮岗的指导意见》,提出在职称晋升等方面制定优惠政策,保障教师交流工作顺利开展。该意见提出,"在评选区级及以上骨干教师、学科带头人、北京市特级教师以及综合表彰奖励等称号工作中,具有 1 年以上交流轮岗经历(或跨校兼职兼课、承担市级综合改革任务 3 年以上)的在同等条件下优先";"提高乡村学校高级教师职称结构比例,专项用于乡村学校教师的职称评审,为促进优秀教师向乡村学校流动创造有利条件";"校长教师在晋升高级专业技术职务时原则上应

---

① 北京市人民政府网站. 关于印发《北京市深化中小学教师职称制度改革实施方案》的通知 [EB/OL]. (2016-04-18) [2022-06-18]. http://www.beijing.gov.cn/zhengce/zhengcefagui/201905/t20190522_59164.html.

具有 1 年以上的交流轮岗经历（跨校兼职兼课、承担市级综合改革任务 3 年以上）。对于表现突出的，在同等条件下优先。对于具有两所以上学校任职经历的副校长，在提任正校长时可优先任用。"①

2016 年 6 月，北京市教育委员会等三部门联合印发《北京市支持乡村学校发展若干意见》，针对乡村学校教师评选市级骨干教师和评聘职称提出向乡村教师倾斜的要求。该意见要求"为乡村学校设置市级骨干教师专项指标"，"在北京市级骨干教师评选指标分配的基础上，为每一所乡村学校设置一名市级骨干教师专项指标，并进一步完善乡村学校市级骨干教师评选办法，保证每一所乡村学校至少有一名市级骨干教师，以鼓励优秀教师从事乡村教育工作，提高乡村基础教育水平"。该意见提出"进一步完善乡村教师职称（职务）评聘办法，切实向乡村教师倾斜，相关区不得挤占乡村学校职称指标"；"提高乡村学校教师高级职称的比例，乡村小学副高职称比例不低于 10%，高、中级职称合计不低于 75%；乡村中学副高职称比例不低于 30%，高、中级职称合计不低于 80%"。②

2018 年 5 月，北京市教育委员会印发《北京市教育委员会关于做好新高考背景下普通高中教学组织管理工作的通知》，针对新高考背景下普通高中教师的教学工作发展变化，要求改革教师管理评价内容。该通

---

① 北京市教育委员会网站. 北京市教育委员会关于印发《关于进一步推进义务教育学校校长教师交流轮岗的指导意见》的通知 [EB/OL]. (2016-06-09) [2022-06-18]. http://jw.beijing.gov.cn/xxgk/zfxxgkml/zfgkzcwj/zwgkxzgfxwj/202001/t20200107_1562735.html.

② 北京市教育委员会网站. 北京市教育委员会 北京市人力资源和社会保障局 北京市财政局关于印发《北京市支持乡村学校发展若干意见》的通知 [EB/OL]. (2016-07-19) [2022-06-18]. http://jw.beijing.gov.cn/xxgk/zxxxgk/201805/t20180522_1446327.html.

知要求普通高中教师"加强学生理想、心理、学业、生活、生涯规划等方面指导","有针对性加强每一名教师走班和分层教学能力、学生发展指导能力、综合素质培养能力";"探索适应改革需求的教师管理评价制度,科学制定教师绩效标准,充分调动教师工作主动性和积极性"。[①]

2018年9月,中共北京市委 北京市人民政府印发《关于全面深化新时代教师队伍建设改革的实施意见》,提出完善教师评价内容、教师绩效工资激励机制、职称制度、荣誉制度等。在教师评价内容方面,该意见要求"不简单用升学率、学生考试成绩等评价中小学教师";加强中小学"骨干教师考核评价,督促提高素质能力";"坚持德才兼备、全面考核,突出教育教学成效和实际贡献,引导教师潜心教书育人"。在教师绩效工资改革方面,该意见要求"优化绩效工资结构,突出岗位在基础性绩效工资结构中的权重,有效体现教师所聘岗位、承担责任、工作量和工作绩效";在绩效工资分配中,向班主任、骨干教师倾斜。在教师职称制度改革方面,该意见要求"进一步完善职称评价标准和方式","引导教师潜心教书育人","建立符合各级各类教师岗位特点的考核评价指标体系和考核评价机制";"将中小学教师到乡村学校、一般学校任教1年以上的经历作为申报高级教师职称"的必要条件;"将具有教师资格的专职党务干部纳入职称晋升参评范围,符合申报条件的,可参评德育、教育教学管理等专业职称"。在健全教师荣誉制度方面,鼓励社会团体、企事业单位、民间组织对教师出资奖励,开展尊师活动,营造尊

---

① 北京市教育委员会网站. 北京市教育委员会关于做好新高考背景下普通高中教学组织管理工作的通知 [EB/OL]. (2018-05-25) [2022-06-18]. http://jw.beijing.gov.cn/xxgk/zfxxgkml/zfgkzcwj/zwgzdt/202001/t20200107_1562279.html.

师重教良好社会风尚";"加大教师表彰力度,定期开展'北京市人民教师奖''北京市优秀教师''北京市教育教学成果奖'等评选表彰活动;将"中小学教师到乡村学校、一般学校任教 1 年以上的经历"作为申报特级教师的必要条件。①

2018 年 11 月,北京市教育委员会 北京市人民政府教育督导室印发《北京市普通中小学校全面实施素质教育督导评价方案》,要求完善师德考评和对教师实行民主管理与评价。该方案提出完善师德考评和监督,对违反师德的教师实行"一票否决制"。该方案的评价指标体系提出民主管理,要求维护教师合法权益,"确保教师对学校重要工作和事项的知情权;保证教师参与学校发展的民主权利;认真落实教职工代表大会制度,参与重大问题审议,发挥教代会民主管理和民主监督的作用";"发挥家长和社会相关方面协同育人作用。完善教师家访制度,通过家长学校、家长教师协会、家长委员会、校园开放日、资源合作、议事咨询等方式,联合家长、社区代表及相关机构共同参与学校治理,形成家校社协同育人合力"。②

2021 年 8 月,中共北京市委办公厅 北京市人民政府办公厅印发《北京市关于进一步减轻义务教育阶段学生作业负担和校外培训负担的措施》的通知,禁止片面以升学率评价学校和教师,并要求将教师参加学

---

① 北京市人民政府网站. 中共北京市委 北京市人民政府关于全面深化新时代教师队伍建设改革的实施意见 [EB/OL]. (2018-09-07) [2022-06-18]. http://www.beijing.gov.cn/zhengce/zhengcefagui/201905/t20190522_61502.html.

② 北京市教育委员会网站. 北京市教育委员会 北京市人民政府教育督导室关于印发《北京市普通中小学校全面实施素质教育督导评价方案》的通知 [EB/OL]. (2018-11-26) [2022-06-18]. http://jw.beijing.gov.cn/xxgk/zfxxgkml/zfgkzcwj/zwgzdt/202001/t20200108_1569843.html.

生课后服务的表现作为职称评聘、表彰奖励和绩效工资分配的重要参考。该通知提出，"严禁下达升学指标或片面以升学率评价学校和教师，认真落实义务教育质量评价指南，将'双减'工作成效等情况作为区、校义务教育质量评价的重要内容。"[①]

可见，北京市的中小学教师评价，基于首都教育和教师队伍发展要求，突出重点，坚持标准，强化激励，同时结合本地教育发展面临的新情况和新问题，不断完善评价标准和机制，如针对新高考改革及时调整高中教师绩效标准，充分调动教师工作内驱力，提升教师队伍素质，提高教育质量。

（二）教师评价实践在某些区域展开

在国家政策的引领下，各地教育部门和中小学结合当地教师队伍发展实际情况，针对中小学教师评价某些环节中存在的实际问题和改革需求，进行了实践探索，有些地方还根据国家或当地要求进行了中小学教师评价试点工作。

根据国家义务教育教师绩效工作政策，我国各地义务教育教师的工资结构逐步体现出教师的工作绩效。有调查显示，2009 年到 2013 年，我国各地义务教育教师的基本工资和绩效工资水平均在一定程度上有所提升，月平均基本工资从 2012 元涨到 2702 元，月平均绩效工资从 369元涨到 592 元，分别上涨 690 元和 223 元；教师的绩效工资增速高于基本工资的增速近 2 倍多，而从各地教师月基本工资和绩效工资的增长情

---

① 北京市人民政府网站 . 中共北京市委办公厅 北京人民政府办公厅印发《北京市关于进一步减轻义务教育阶段学生作业负担和校外培训负担的措施》的通知 [EB/OL]. (2021-08-18) [2022-06-18]. http://www.beijing.gov.cn/zhengce/zhengcefagui/202108/t20210818_2470436.html.

况来看，各地增幅有所差异。义务教育学校的绩效工资政策不但体现于教师的绩效工资总水平，而且体现于教师的绩效工资占总工资的比例，直接反映教师绩效工资力度。2009 到 2013 年，各地教师绩效工资占工资水平的平均比例从 10% 上涨到 15%，教师绩效工资水平有较大幅度的提升，且各地之间的绩效工资增幅差距较为显著。另外，教师工资水平和结构总体上呈现出向教学点和不完全小学的教师倾斜的特征，教师的绩效工资水平体现尤其明显。从增长率上看，在不完全小学和九年一贯制学校，教师绩效工资增长最多，同时趋于向薄弱学校倾斜；在乡村和县镇学校，教师的工资涨幅较大，城乡学校的教师工资及绩效工资差距逐步缩小。总体看来，城区学校的教师工资和绩效工资仍高于县镇和农村学校。①

　　教师荣誉表彰是各地中小学教师评价的重要内容。教育部每年都在教师节组织开展师德主题教育活动，联合某些媒体开展全国教书育人楷模评价推选及模范教师表彰等活动，宣传师德先进的教师。2016 年 4 月开始，教育部和人力资源社会保障部向理想信念坚定、师德高尚、忠于职守的从教乡村学校 30 年的教师颁发荣誉证书。2016 年 12 月，教育部公布了 30 个全国性的师德建设优秀工作案例，推广模范教师典型经验，加强示范引领。2018 年 8 月和 12 月先后推出《李保国》《黄大年》等展现教师时代风貌的影视作品，弘扬楷模，形成强大正能量。2010-2019年，教育部先后推出曹瑾、张丽莉、陆荣飞、杨建一、李保国、汪自强、黄大年、钟扬、朱英国、曲建武、郑德荣、李芳、陈琳、李德威、

① 安雪慧．义务教育学校绩效工资政策实施情况分析评估研究 [J]. 教育科学研究, 2017 (2)：95.

张桂梅等全国优秀教师，塑造新时期人民教师恪守师德、关爱学生的光辉形象。师德模范和先进人物为广大教师树立了榜样，带动了教师师德素养的提高，增强了广大教师的责任感和使命感。

有些地方的中小学着眼于教师评价体系中的教师评价方法等环节进行了实践探索。本研究在与山东省肥城市实验小学的管理者交流研讨过程中发现，该校开展了教师评价"八法"评价方法，综合运用过程性评价、终结性评价、奖惩性评价、个体内差异评价等教师评价方法。该校基于学校评价进一步开展教师评价，研究制定《肥城市中小学教育教学工作综合督导评估考核方案（试行）》，其中校长层面占300分，教师层面占300分，教辅层面占100分，学生层面占300分，而学生考试成绩仅占50分。该校将教师管理与评价作为学校管理的重点内容，研究制定有关教师职称评审的论文、论著、课题及荣誉认定工作的意见，确立底线标准，淡化论文、课题和荣誉。

北京市有些中小学依托首都优质教育资源，围绕教师专业发展需求，高起点开展了中小学教师评价实践工作。海淀区早在2005年即成立名师工作站，发挥骨干教师专业发展服务平台的作用，针对不同阶段、层次的骨干教师专业发展需求，开展多样化研修活动。在各种研修活动中，以教师评价为手段，构建海淀区骨干教师专业发展评价体系。该体系主要由注重过程性评价的骨干教师研修机制、基于专业共同体的导师制管理体制以及面向学生发展的课堂教学评价体系构成，采取开放、多样、科学的评价方式推动每一层级教师向上一层级转化，从而实现教师专业成长的连续性。海淀区名师工作站采用站内研修机制，定期对学员进行阶段性评价，评价主体包括学员所在学科组的导师组长、副组长、学员的导师、同小组学员和学员本人，由此评选每期优秀学员，激励学员相互激励和相互学习。导师制实行双向选择，由本学科知名特级教师担任组长组建导师组，其成员由特级教师和市级学科带头人组成，再从区级骨干中选拔有培养潜力的青年教师并征求其本人意见，由一名导师带二至四名学员，以专业互动为纽带，实现自上而下的管理链条和自下而上的监督链条，对导师和学员实行多样化评价，体现科学管理及民主与多元评价。名师工作站设计并研发了一系列评价工具，形成了一套质量评价体系。以课堂教学评价指标体系为例，面向市级骨干教师、区级骨干教师和青年教师分别研发了三套课堂教学评价指标，市级骨干教师要体现创新和生成，区级骨干教师要体现设计和实施，青年骨干教师则强调较好的教学基本功和高效的课堂组织，这为每一层级的教师向上一层级发展提供了方向。名师工作站通过学员研修手册和备课记录单收集评价信息，贯穿学员研修全过程，既可以记录教师的教学生成过程，又可以找到教师的问题解决途径，为推动教师的自我评价和专业发展留下可供借鉴的资料。学员培训后反思所学知识技能并运用于特定环境，而名师工作站通过课堂观察、总结汇报、研讨交流等方式获得教师在教学实践中应用新知识技能促进自身专业发展的有关信息。[①]

近年来，北京市在国家政策指引下开展了面向中小学教师的职称评审改革试点。2012年，北京市选定西城区、朝阳区和通州区，作为中

---

① 韩巍巍. 北京市海淀区骨干教师专业发展评价体系的构建与效果分析——以古斯基（Guskey）教师专业发展评价模型为依据 [J]. 中小学教师培训，2017（2）：22-25.

小学教师职称制度改革试点区，把先前相互独立的中学和小学教师的职称系列统一设置为中小学教师职称系列；职称层级相应提高，试点区中学、小学教师第一次统一设置正高级职称，打通教师职业发展通道，第一批试点中三区总共评出 18 名中小学"教授"。2016 年，北京市开始全面开展面向中小学教师的职称改革评审，在中小学（幼儿园）新设了正高级教师职称。经层层推荐评审，68 名教师获得正高级教师职称。他们学历层次和综合素质较高，教学经验丰富，获得过特级教师或学科带头人等荣誉称号，代表北京市的最高师资水平，[①] 在推动中小学教育发展方面发挥示范作用。

北京市有些地方通过中小学教师评价试点试验，在激励中小学教师参与评价并由此促进教师专业发展等方面取得了较大进展。近年来，北京市密云区在高校专家引领和指导下，建立了"农村基础教育现代化实验区"。中小学教师自主发展需要良好的机制与文化，并能及时获取各种真实有效信息以便于中小学教师明确自身发展方向，为此实验者开展了中小学教师发展性评价，强调评价主体的多元参与，基于"测评与诊断—分析与反馈—培训与改进"不断循环的教师评价模型，让中小学教师了解和诊断自身优势与不足，获取有关改进自身教育教学的真实信息，找准突破点开展自我改进，并在有关方面支持下实现中小学教师自主专业化发展。专家组把中小学起始年级学生的入学状况作为切入点，进行全方位测评和持续追踪学生的发展状况。通过对中小学教师所

---

① 新华网. 北京市首批中小学教师获评正高级教师职称 [EB/OL]. (2017-01-23) [2022-06-18]. http://www.xinhuanet.com/local/2017-01/23/c_1120369945.htm.

教学生的发展状况特点的描述，帮助中小学教师有效评估自身的教育教学。专家组编制了多套测评工具，持续为全区中小学新生进行测评和追踪。每一位任课教师都可在本班学生详细分析报告中获知本班学生认知特点、学科知识准备情况及学生对教师、学校、课程等学习生活的适应状况，进而反思自身教学设计是否符合学生特点，并有针对性地调整自身教学。学校报告反映了本校学生概貌，有助于学校管理者统筹安排学科教研工作，集中力量帮助教师提升教学能力。区域教育主管领导从区域总报告中获知各学段教师的共性问题，并通过适当政策调整为学校和教师创造自主发展空间。同时，课题组还根据需要以专题讲座、指导手册、下校指导和连片教研等形式为学校与教师提供专业支持。通过发展性评价实践，形成了良性的评价文化，创设了促进中小学教师自主发展的模型与工具，激发了中小学教师的自主发展意识，提升了中小学教师的自主发展能力。①

北京市有些区域还尝试由督导评价团队调研学校和中小学教师存在的现实问题，基于与中小学教师的平等交流"对症下药"，助力中小学教师自主发展，并探索了过程性评价和多元主体评价的路径。2017 年，北京市朝阳区督导专家团队在对朝阳区的五所试点学校开展诊断式督导评价过程中，注重把握这些学校存在的真实问题，查找制约这些学校发展的深层次问题，探索这些学校发展的增长点，有力助推了学校发展。为发现中小学教师存在的真问题，专家团队采用资料收集法，了解学校教

---

① 边玉芳，柯李，尚学文 . 实施发展性评价——为教师自主发展提供模型和工具 [J]. 北京教育，2015（5）：47.

师的年龄结构、任职年限、参与培训等情况；采用实地观察法，进行全学段、全学科视导听课，对教师的授课能力进行摸底；采用对比研究法，深入实地观摩课堂、开展座谈访谈，了解教师基本情况。在督导评价过程中，专家团队努力与学校和教师建立民主、平等、协商关系，营造理解、合作、严谨和务实的民主评价氛围；促使教师理性分析、自行确定教师教育教学中存在的根本问题，由"被动工作"变为"自主发展"，促进教师自主发展观念的转变。诊断式督导评价促进了朝阳区教育督导评价工作的转变。督导周期从"定期检查"转为"全程关注"，即由原来三至五年开展一次综合督导作为终结性评价转变为全程指导和帮助学校发展，推动了督导诊断、指导、服务和导向功能的发挥。同时，师生、家长、督学等多元参与，全方位开展诊断，实现了评价主体的多元化。①

二、中小学教师评价体系的特点

目前，中小学教师评价体系的特点是，教师评价有关法规和政策的制定关注教师评价的现实问题，教师评价实践针对某些具体评价环节展开。

（一）教师评价法规政策聚焦教师评价的现实问题

近年来，中小学教师评价体系有关政策法规的出台，直面新时代的需求和教师队伍发展的现实需要。

---

① 王世元.诊断式督导促进学校内涵发展 [J].北京教育（普教版），2017（9）：35-36.

21世纪初，基础教育课程改革直面中小学教师评价中的多元化需求，中小学评价与考试制度改革政策及时回应中小学教师评价中的教师专业发展和师德修养等现实问题，要求重视教师业务能力和师德修养并关注对中小学教师的统一评价标准和个体差异评价标准，同时建立促进教师素质提升的评价体系和以教师自评为主的多元评价主体制度以及多元评价内容制度；义务教育学校教师绩效考核政策直击教师考核的新问题，提出建立义务教育学校教师绩效考核制度。

党的十八大以来，中小学教师职称制度改革政策顺应教师队伍发展的新要求，确立了教师职称制度改革办法和要求，系统规定中小学教师职称制度改革的内容、标准、评审主体、办法、程序等；面对新时代教师评价中的新问题和新要求，教育评价改革政策提出了完善中小学教师绩效考核办法，要求中小学教师的绩效工资分配向班主任和教育教学效果突出的教师倾斜；小学和初中教育质量评价改革政策凸显全面育人和教育教学实绩；普通高中学校办学质量评价改革政策注重优化多元化评价方式方法，坚持结果评价与增值评价相结合、综合评价与特色评价相结合等。

北京市的中小学教师评价体系着眼于党和国家对北京市教育事业发展的新期望，结合首都战略功能定位对教师队伍建设和发展的新需求，努力办好人民满意的首都教育，实施教育优先发展战略，通过中小学教师评价体系改革，不断提高中小学教师队伍素质。

近年来，北京市教育行政部门结合国家和当地政策规定，开展了中小学教师的职称晋升、过程性教师评价和多元主体评价等实践探索，并

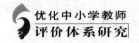

针对不同发展阶段的中小学教师设置了不同荣誉称号，如首都名校长、教育家型教师、特级教师、学科带头人、骨干教师等，构建不同的中小学教师评价标准，形成分类多层的中小学教师评价体系。

（二）教师评价实践着重教师评价体系的某些环节

各地教育部门和中小学的教师评价实践，基于当地中小学教师队伍发展的实际情况，立足当地教师评价体系的某些环节展开。各地义务教育教师绩效工资改革针对教师的绩效评价改革展开；教师荣誉表彰针对教师评价中的荣誉、奖励、表彰和宣传展开；有些地方的中小学开展的教师评价实践针对教师评价方法等环节的改革展开。

北京市有些中小学的教师评价，围绕教师职称评审改革、教师评价主体的多元参与等教师评价环节展开，在教师评价实践的某些方面取得一定成效。

整体上看，各地的中小学教师评价实践比较零散，尚未形成完整的教师评价体系实践。

第二节　中小学教师评价体系的问题与分析

一、评价理念落后

现行中小学教师评价理念整体上较为落后，过于强调奖惩性评价，淡化发展性评价，同时过于关注评价标准，忽视评价文化。

（一）教师评价过于强调奖惩性评价而忽视发展性评价

我国现行中小学教师评价在理念上侧重奖惩性评价，忽视发展性评价，主要表现在基于教师已有的教育教学业绩，通过开展教师评价来评判教师所处的等级和优劣，进而实现奖优罚劣、优胜劣汰。评价管理者希望通过采用统一的评价标准判定教师是否已经履行工作职责和完成教育教学任务，由此评断对教师的奖励或处罚条件，确定对教师的晋级、加薪、解聘、降级等。

本研究在北京市专门开展了实地调研，访谈当地教育行政部门工作人员和督导评价专家等，以及 20 所中小学尤其是昌平、海淀等含农村校的中小学校长、教师共 100 人，并面向城区和农村校的中小学教师，发放调查问卷 5000 份，全面了解当地中小学教师评价的现状、效果、问题及原因，为优化中小学教师评价体系提供实证数据。调查结束后共回收师生问卷 4930 份，回收率为 98.6%。

从当前的中小学教师评价实践来看，本研究在访谈过程中发现，奖惩性评价是大多中小学评价教师过程中坚持的理念和思维。受奖惩性教师评价理念的影响，常态化的教师评价主要是定期评价，即以一年为一周期的年度评价，通常作为教师年终工作的终结性、奖惩性评价。这种目标导向的教师评价通常旨在区分教师在教育教学工作业绩等方面的优势和不足，将教师评价结果作为对教师进行奖惩的依据，并为教师参与职称评审等评价进行积累和准备，因而对教师的个性化成长和专业发展规划关注不够，导致不少教师为追求学生分数和其他教育教学业绩，无暇考虑深度备课、创新教学方法、开展高效和原创的作业设计、拓宽业务知识面、增加自身学科知识深度，以及进行服务于教学改革创新的"真"课题研究。

这种奖优罚劣的评价思维在一定程度上能调动教师的工作积极性，从而实现学校的短期管理目标，但这种自上而下的奖惩性教师评价针对教师先前的素质能力、工作职责和工作业绩进行终结性评价，不利于在教师评价过程中及时发现教师在教育教学过程中存在的问题并持续性跟踪反馈和指导教师改正从而提升教师的教育教学质量，而仅能引发少数教职工尤其是学校管理者的认可和赞同，满足学校管理教师的需求；这种评价往往忽视不同年龄、学科、兴趣特长的教师之间的差异，着眼于学校管理目标考核而淡化教师在评价过程中的主动和充分参与，难以有针对性地通过教师评价推动教师主动进行教学反思、问题解决和自主专业发展，还可能导致教师的激烈竞争，不利于教师与教师之间以及教师与学校管理者之间的沟通协作，也无助于营造民主和谐的校园氛围，还会在一定程度上对教师身心健康造成不利影响，并引发教师的逆反心理、工作压力和职业倦怠，激起教师对教师评价的抵触情绪以及与学校管理者的隔阂甚至冲突。

教师评价管理者转变思维，重视发展性教师评价的理念，并由此构建系统规范的教师评价体系，将有助于对参评教师开展科学准确、令人信服的评价。

（二）教师评价过于强调评价标准而忽视评价文化

工业化社会的标准化生产思维深刻影响教师评价标准。有些教育教学管理者受工业生产标准评价的启发，试图用"一刀切"的量化标准衡量和评价教师的工作业绩：凡是符合既定教师评价标准的，即为好的评价结果；凡是未能达标的，就是不好的评价结果。教师评价标准杠杆在一定程度上导致了"唯分数、升学、文凭、论文、帽子"等各种教师评价乱象，导致教师同行之间的恶性竞争和某些教师的工作业绩造假，以及某些教师专注于业绩成果产出而不注重专心修炼教育教学"内功"、提升教学创新能力和更新业务知识等问题。

应当看到，教师评价不同于工业生产中的评价。教师评价若过分关注评价标准，以所谓的科学化、统一性、可测量、可比较的技术理性导向"标准"显示教师的工作绩效和成果，容易催生"可喜"的量化数据，但也存在明显的局限性。

过分强调统一的评价标准，容易倾向于基于奖惩性评价理念，通过鉴定教师的等级来评定教师并以此作为教师解聘、晋级等的"功利性"决策依据，从而忽视教师的情感因素和多元化、个性化需求，不利于营造和谐民主的评价文化，也无助于通过教师评价促进教师与学校的融合发展。同时，由于教师的教育教学活动具有复杂性和特殊性，教师评价的内容和标准也必然存在着复杂性和特殊性，教师评价过于强调评价标准容易导致异化或错位，致使教师产生对评价标准和指标的膜拜，将自身的教育教学活动片面异化为简单、程式化的流水线生产活动，从而盲目追求教师评价中的"达标"，而忽视基于教育教学本身的规律灵活、创新开展教育教学活动和不懈追求专业发展。再者，过于刚性的教师评价标准，往往无法测量教师的创新教育教学等定性评价内容，难以获得教师的普遍认同，致使教师评价结果缺乏公信力。同时，过于强调教师评价标准，尤其是制定生硬刻板的含"不准、禁止、必须"等字眼的评价标准，不仅忽视教师主观能动性和创造力，而且会使教师觉得自身处于被管理、监督、考察对象的位置，缺乏应有的教师评价平等参与权，导致教师与评价者的抵触情绪。

本研究对中小学教师开展的问卷调查显示，针对教师评价对教师平等参与和人文关怀的体现程度（充分体现，体现较多，有所体现，体现较少，没有体现）的问题，选择"没有体现"的教师达到39.7%。（见图3.1）对教师评价过程中教师话语权的调查显示，69.7%的中小学教师表示，他们在教师评价中缺乏话语权。这从一定程度上体现出教师在评价中缺乏话语权，教师享有的评价参与权常常流于形式，没有对教师评价的规划与实施起到实质性作用。

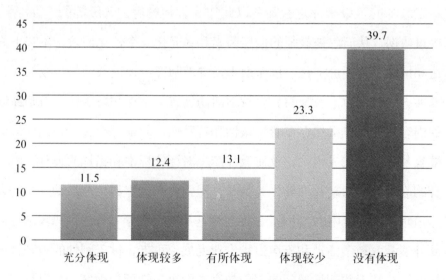

图 3.1　当前教师评价对教师的人文关怀体现状况示意图

在教师评价的方案制订、实施过程、评价结果不够透明的情况下，即便教师通过教师代表大会表达诉求，但教师代表大会通常一年仅召开一次，教师难以及时表达意见；即使教师提出意见，也由评价者和管理者最终决定。最终，学校将教师置于评价的对立面，致使不少教师很少关心评价，主动"缺场"，这不利于调动教师参与评价的积极性。[①]

本研究在访谈过程中发现，在教师评价中，有些学校的绩效考核与职称评审制度缺少对教师教育教学状况的关切。有些教师大学所学专业与中小学任教学科和教师资格证书认定的学科不一致，其所学专业领域获得的证书、科研成果无法用于绩效考核尤其是职称评审，导致教师的科研努力付之东流，而且这些教师改变任教学科后必须延期申请职称评审，这种缺乏人文关怀的评价方式给教师的专业发展带来阻碍。

二、评价制度滞后

当前，中小学教师评价制度相对滞后，没有形成完备系统、操作性强的教师评价体系和制度机制，政策法规有待完善，评价机制有待加强。

（一）政策法规有待完善

1. 政策法规缺乏体系化

中小学教师评价在教师的教育教学活动中发挥重要导向作用，是

---

① 安雪慧，王颖. 破解中小学教师评价问题的关键点 [N]. 中国教育报，2019-09-19 (6).

确保教师的教育教学不断改进和教师队伍素质水平不断提高的重要环节，而教师评价法规和政策系确保教师评价活动有法可依、有章可循的重要保障和制度载体，对于全面开展教师评价发挥重要作用。然而，当前在教育研究者和广大教师探索和期待发展性教师评价的同时，我国颁布的有关教师评价法规和政策缺乏对教师评价的完整、系统性规定。

从法律层面讲，教师评价应当有充分的法律依据或授权，特别是关涉教师切身利益的教师评价活动更应有明确的法律保障。然而，当前我国教师评价的法律依据薄弱，缺乏明确的立法保障。教师评价的法律法规不够系统，散见于教师法、教育法等法规中；教师评价有关法律法规条款没有明确说明教师评价的性质和法律地位，大多条款系宏观层面的宣言式说明，缺乏详细具体、可操作性的规制。根据《中华人民共和国教师法》，"学校或者其他教育机构应当对教师的政治思想、业务水平、工作态度和工作成绩进行考核"，"教育行政部门对教师的考核工作进行指导、监督"；"考核应当客观、公正、准确，充分听取教师本人、其他教师以及学生的意见"，"教师考核结果是受聘任教、晋升工资、实施奖惩的依据"。[①] 根据《中华人民共和国教育法》，国家"通过考核、奖励、培养和培训，提高教师素质，加强教师队伍建设"；学校及其他教育机构"聘任教师及其他职工，实施奖励或者处分"。[②] 这些有关教师评价

---

① 中国政府门户网站．中华人民共和国教师法 [EB/OL]. (2005-05-25) [2022-06-18].http://www.gov.cn/banshi/2005-05/25/content_937.htm.

② 中国政府门户网站．中华人民共和国教育法 [EB/OL]. (2005-05-25) [2022-06-18]. http://www.gov.cn/banshi/2005-05/25/content_918.htm.

的法律规定较为笼统，没有明确教师评价的具体主体、方式、程序、反馈等体系化的规定。教师考核或评价也没有单独界定为一种制度，而是为开展教师资格认定和职务聘任制度而采取的一种手段，即通过考核实现教师资格认定和职称（职务）聘任从而最终提高教师素质。可见，教师评价在法律上缺乏体系化、制度化的规制，而仅具有工具技术理性的属性。

从政策层面讲，教师评价很少作为一个主题词或主体内容体现于专门的国家政策文本中。关于教师评价的政策内容往往包含在某些综合性教育或教师政策中或有关教师职称评审、特优教师评选等专项教师政策中，有关教师评价的具体内容也往往仅涉及教师评价中的某些环节或步骤，因而缺少整体上对教师评价的目标、主体、方法、程序、反馈、保障等进行全面规制的教师评价系统化、体系化政策文件。比如，2001 年6 月，教育部印发的《基础教育课程改革纲要（试行）》提出"建立以教师自评为主，校长、教师、学生、家长共同参与的评价制度"。[①] 这是在综合性的教育政策中对教师评价的多元主体进行规定。2002 年 12 月，教育部印发的《关于积极推进中小学评价与考试制度改革的通知》提出教师评价的内容和主体要多元化，要重视教师的业务水平提高和职业道德修养，要对教师统一评价标准并关注个体差异，同时建立以教师自评为

---

① 中华人民共和国教育部网站. 教育部关于印发《基础教育课程改革纲要（试行）》的通知 [EB/OL]. (2001-06-08) [2022-06-18]. http://www.moe.gov.cn/srcsite/A26/jcj_kcjcgh/200106/t20010608_167343.html.

主，学校领导、同事、家长、学生共同参与的教师评价制度。① 这是在教师评价和考试制度改革专项政策中对教师评价内容和主体进行规制。2008 年 12 月，教育部印发的《教育部关于做好义务教育学校教师绩效考核工作的指导意见》提出"建立符合教育教学规律和教师职业特点的教师绩效考核制度"。② 这是在教师绩效考核专项政策中明确教师的绩效考核事项。2015 年 8 月，人力资源社会保障部、教育部印发的《关于深化中小学教师职称制度改革的指导意见》明确规定中小学教师职称制度改革的内容标准、评审主体、办法和程序等。③ 这是在教师职称改革专项政策中对教师的职称评审予以规定。2020 年 10 月，中共中央 国务院印发的《深化新时代教育评价改革总体方案》要求完善中小学教师的绩效考核办法。④ 这是在综合性教育评价改革政策中对教师绩效考核办法予以规定。

可见，中小学教师评价无论从法律规制还是政策规定来看，都不够体系化、系统化，有待健全和完善。

2. 政策法规缺乏前瞻性

当前，教师评价有关法规和政策尚未针对教师发展趋势确立前瞻性

---

① 中华人民共和国教育部网站. 教育部关于积极推进中小学评价与考试制度改革的通知 [EB/OL]. (2002-12-18) [2022-06-18]. http://www.moe.gov.cn/srcsite/A26/s7054/200212/t20021218_78509.html.
② 中华人民共和国教育部网站. 教育部关于做好义务教育学校教师绩效考核工作的指导意见 [EB/OL]. (2008-12-13) [2022-06-18]. http://www.moe.gov.cn/srcsite/A04/s7051/200812/t20081231_180682.html.
③ 中华人民共和国教育部网站. 人力资源社会保障部 教育部关于印发《关于深化中小学教师职称制度改革的指导意见》的通知 [EB/OL]. (2015-08-28) [2022-06-18]. http://www.moe.gov.cn/jyb_xxgk/moe_1777/moe_1779/201509/t20150902_205165.html.
④ 中国政府网. 中共中央 国务院印发《深化新时代教育评价改革总体方案》[EB/OL]. (2020-10-13) [2022-06-18]. http://www.gov.cn/zhengce/2020-10/13/content_5551032.htm.

的教师评价机制。

　　从法律层面来看，有关教师评价的法律法规未能从教师专业发展和教师与学校融合等符合现代教师评价未来趋势的视角确立教师评价机制。《中华人民共和国教师法》规定，"教师考核结果是受聘任教、晋升工资、实施奖惩的依据"；[①]《中华人民共和国教育法》规定，学校及其他教育机构"聘任教师及其他职工，实施奖励或者处分"。[②] 可见，现行法律规制侧重融考核与奖惩为一体的奖惩性教师评价机制。

　　从政策层面来看，教师评价有关政策规定有待立足"以评促改"的教师评价未来趋势，通过教师评价改进教师的教育教学素质能力和推动教师的专业发展。我国教师评价制度经历了教师职务等级制度、教师职称制度等发展过程，并通过教师技术性量化和考核，服务于资格考试制度、定期注册登记制度、职称职务评定制度、绩效工资分配制度等，致使教师评价成为职称制度、教师绩效考核制度等的附庸产品而失去教师评价自身通过评判教师工作和过程促进教师专业发展的独立价值。不可否认，教师评价是一系列制度的基础和必要环节或步骤，并有利于促进教师专业发展，提高教师队伍素质水平。然而，这种以"能力和业绩"为导向的教师评价本质上是奖惩式、结果性、功利性导向的，体现出传统的以业绩分配和奖惩结果为导向的工具主义教师评价价值取向。教师评价结果直接与教师的职称职务、荣誉表彰、物质奖励等利益诉求相关

---

　　① 中国政府门户网站 . 中华人民共和国教师法 [EB/OL]. (2005-05-25) [2022-06-18].http://www.gov.cn/banshi/2005-05/25/content_937.htm.

　　② 中国政府门户网站 . 中华人民共和国教育法 [EB/OL]. (2005-05-25) [2022-06-18]. http://www.gov.cn/banshi/2005-05/25/content_918.htm.

联，容易造成人们将教师评价等同于教师职务评审、表彰奖励和绩效工资分配等制度的误区，偏离教师评价促进教师专业发展的主要功能目标，淡化教师评价过程、评价方法、评价程序、评价监督和指导反馈等教师评价环节的重要性，造成教师过分关注教师评价结果，忽视通过教师评价过程持续促进自我反思改进和专业发展。

3. 政策法规缺乏可操作性

《中华人民共和国教师法》和《中华人民共和国教育法》从法律层面对教师评价进行了一定程度的权威界定和保障，针对教师的"考核"内容（政治思想、业务水平、工作态度及工作成绩）、考核主体（学校或其他教育机构）、考核目标（提高教师素质和加强教师队伍建设）、考核结果运用（受聘任教、晋升工资和实施奖惩的依据）以及考核监督（教育行政部门对教师考核工作进行指导和监督）等，进行了原则性规制，但这些规定过于笼统，概括性较强，可操作性较差。

现行教师评价政策在不够系统化的同时，其中的评价内容也显得宏观、笼统，不够具体，缺乏可操作性。

师德评价在内容方面可操作性不强。大多有关师德评价的政策要求对师德失范"一票否决"，将教师的师德表现作为对教师进行年度考核、职称评审、评优表彰等的首要标准，但缺乏对教师的师德评价的具体的、可操作性的规定。近年来针对某些突出的师德问题，有关师德评价政策划出了师德"红线"，明确了某些师德"红线"的具体内容和标准，但对那些不属于师德"红线"的违反师德行为，仍然缺乏具体规范。整体上看，师德评价标准是定性、抽象的，可操作性差，含有较为浓厚的

"口号"色彩，对教师的思想表现、工作态度等难以有效衡量，评价结果的可比性较差，常出现"千人一面"的师德考核结果；师德评价中的同行评价和日常监督不够完善，问责效力不明显，只要不踩踏师德"红线"，师德评价结果往往没有实质差别。

教师绩效评价缺乏明确的考核细则。教师绩效评价政策将教师的绩效工资分为基础性绩效工资和奖励性绩效工资，后者主要体现教师的实际工作量和贡献等客观性业绩，但又缺乏具体的考核细则，没有具体指标、权重分配和评价方法与工具，同时对教师的专业技能、教育教学创新能力等的考核评价因不易衡量而被弱化，又因用统一评价标准来评价不同的学科、年级和发展阶段的教师，从而成为有争议的话题。2008 年12 月，教育部印发《教育部关于做好义务教育学校教师绩效考核工作的指导意见》，提出"对履行了岗位职责、完成了学校规定的教育教学工作任务的教师，全额发放基础性绩效工资；对有突出表现或做出突出贡献的教师，视不同情况发放奖励性绩效工资"；绩效考核应以德为先和注重实绩，等等。[1]2020 年 9 月，教育部等八部门联合印发《关于进一步激发中小学校办学活力的意见》，提出"完善学校绩效工资分配办法，向教育教学实绩突出的一线教师和班主任倾斜"，加大优秀教师"表彰宣传力度，新增绩效工资总量主要用于奖励性绩效工资分配"。2020 年 10 月，中共中央 国务院印发《深化新时代教育评价改革总体方案》，提出"完善

---

[1]　中华人民共和国教育部网站. 教育部关于做好义务教育学校教师绩效考核工作的指导意见 [EB/OL]. (2008-12-13) [2022-06-18]. http://www.moe.gov.cn/srcsite/A04/s7051/200812/t20081231_180682. html.

中小学教师绩效考核办法，绩效工资分配向班主任倾斜，向教学一线和教育教学效果突出的教师倾斜"。[①] 在这些绩效评价政策文件中，突出贡献、教育教学实绩突出、教育教学效果突出等模糊性表述缺乏明确界定，又因缺失程序、工具等规定，使绩效评价在实施过程中充满着主观性和模糊性。

在中小学职称评审的推荐环节，大多省份实行"学校推荐委员会"推荐制，由中小学成立以同行专家和一线教师为主体的推荐委员会提出推荐意见。但是，中小学推荐委员会成员对职称参评教师的任教学科无法全面、深刻了解，而职称评审政策的原则性较强，缺乏明晰的细则指引，因而学校推荐委员会难以确定全面、科学的推荐结果。

教师荣誉表彰，尤其是最高层面的国家级教师荣誉表彰，还存在不够制度化、常态化的问题，尚未形成分层次和分类别的教师表彰体系；同时，在评选的内容、标准和程序等方面不够具体、规范，缺乏透明性、可操作性。

特级教师评价内容与国外相比相对单薄、笼统。我国特级教师评价内容整体上较为简单，缺乏细化的可操作性表述，尤其缺少评估特级教师在教学反思、指导学习、发展教师学习共同体、家校合作等方面的内容。对比美国的国家教师专业标准委员会（National Board for Professional Teaching Standards, NBPTS）1989 年发表的《教师应该知道什么与能够做到什么》（*What Teachers Should Know and Be Able to Do*）

---

① 中国政府网. 中共中央 国务院印发《深化新时代教育评价改革总体方案》[EB/OL]. (2020-10-13) [2022-06-18]. http://www.gov.cn/zhengce/2020-10/13/content_5551032.htm.

这一政策文件中所提出的卓越教师评价标准，[①] 可以发现，我国的特价教师评价标准与美国的卓越教师评价标准相比，存在某些相似之处，但也存在一定差异，对我们完善特级教师评价标准有所启发。在专业能力方面，我国的特级教师评选规定要求教师对其所教的学科有系统、坚实的理论知识以及丰富的教学经验，而美国的卓越教师评价标准则要求教师把握学生的成长和学习规律，熟悉学科、教法知识，将本学科和其他学科的知识融会贯通，用多元化教学策略教给学生学科知识，熟悉本学科最新进展。在培育学生方面，我国的特级教师评选规定要求教师具有特别显著的教育教学效果，在班主任工作方面具备突出专长并取得显著成绩，而美国的卓越教师评价标准则要求教师关注学生个体差异，推动学生在认知能力、个体意识、学习动机和公民责任等多方面获得发展，把握学生的学习进展，关注他们的学习参与。在专业精神方面，我国的特级教师评选规定要求教师在教育教学改革过程中勇于创新或在教法研究和教材建设中取得卓著的成绩，在当地教育界享有声望，而美国的卓越教师评价标准则要求教师从经验中学习并系统思考教学实践，听取学生、同事和领导等的意见并改进教学，积极开展教学研究。在社区服务方面，我国的特级教师评选规定要求教师在培训提升思想政治和文化业务水平等方面做出显著的贡献，而美国的卓越教师评价标准则要求教师加入学校的学习共同体，与领导和同事协作制订教学政策、研发校本课程和推动教师专业发展，促进家校合作。（参见表 3.1）

[①] National Council on Teacher Quality. 2017 State Teacher Policy Yearbook: National summary [R]. NCTQ Project Team, Washington: 2017: 75-96.

表 3.1 中美中小学优秀教师评价标准对照表

评选维度	中国特级教师评选标准	美国卓越教师评价标准
专业能力	拥有系统化理论知识和丰富教学经验	综合运用学科知识与教法和多元化教学策略
培育学生	拥有显著的教育教学效果和班主任工作显著成绩	关注学生差异,推动学生全面发展
专业精神	勇于创新或研究,享有声望	系统思考和改进教学实践与研究
社区服务	培训教师贡献显著	参与学校学习共同体,推进家校合作

北京市的中小学教师评价政策法规在国家政策法规引领下具备自身的本地特色和创新之处,但有些规定也缺乏可操作性。2010 年 1 月,北京市教育委员会公布《北京市义务教育学校教职工绩效考核试行办法》,规定了教师绩效考核的基本标准,但其主观性表述较强,缺乏具体的可操作性标准,界限不够分明。该试行办法提出,对教师的绩效考核要"突出对品德、能力、知识、业绩等方面的要求,具体内容包括:职业道德、工作表现和工作绩效";教师的职业道德包括教师的政治表现和师德师风,主要考查教师在执行职业道德规范方面的情况;教师的工作表现包括教师的工作态度、业务能力及研究能力,主要考查教师在教学、教研和履行法定义务方面的情况;教师的工作绩效包括教师的工作量、质量、效益及业务发展,主要考查教师在教学效果、教研成果、育人成效及专业发展方面的情况。这些绩效考核规定可操作性不够强,同时缺乏各等次的具体绩效考核标准。

（二）评价机制有待加强

1. 教师评价缺乏专门的评价机构和人员

当前，中小学教师评价存在多层和重叠管理、缺乏协调统筹等问题。由于没有专门的教师评价机构和人员，教师评价有关人员不能进行常态化的评价规划、统筹、准备、运行、督促、反馈等工作，有些评价人员的评价资质和评价素质能力也缺乏保障，出现外行评价内行的现象，从而对教师评价的权威性、专业性、科学性构成不利影响。同时，也缺乏专门的教师评价基金作为开展教师评价和提高教师评价质量的保障。

2. 教师评价尚未形成完整的评价机制

当前，中小学教师评价在评价目标、主体、内容、方法程序、结果运用等方面不够系统完备，尚未形成有效的、体系化的教师评价机制。现行教师评价有些环节缺失或流于形式，无法形成完整的教师评价机制。比如，本研究在调研中发现，有些中小学的教师评价内容和评价程序都以行政管理为主导，教师主体参与较少；教师评价过程缺少监督，尤其对教师的教学行为、听课评课等的监督具有较强的形式化色彩；教师评价的结果反馈信息少，造成对教师内在激励和专业发展指导缺失，还令教师对教师评价产生抵触情绪，使教师评价失去真正作用。此外，在教师评价过程中，评价者和参评教师在信息收集、评判、知情、保密等方面，也没有建立一套客观、公正的评价伦理规则和机制。

另外，中小学教师评价各环节的衔接性不够，影响了教师评价的运行和实效。比如，在有些学校，教师评价目标未能系统统筹教师发展目标和学校发展规划目标，致使二者脱节。教师的绩效考核目标不是基于学校的发展规划目标逐层分解确立的，而是依照教师各自的业务工作内容提出，导致教师发展目标无法与学校战略目标有效融合，造成教师整体的绩效考核结果达标，但学校的发展却无突破。教师评价内容方面，不同类型教师评价的内容不够衔接。定期考核的内容与职称评审、评优表彰的内容缺乏衔接，各自为政；虽应各有侧重，但有些内容如课堂教学行为表现事实上应整体纳入各种类型的教师评价。

三、评价体系研究缺失

当前，对中小学教师评价的研究存在一些问题，主要是缺乏对教师评价的系统化、体系化研究，对教师评价体系的实证研究，对核心素养融入教师评价的研究，以及基于我国国情的国外引介研究。

（一）教师评价缺乏体系化研究

我国学者对中小学教师评价的研究，很少着重研究教师评价体系，而是侧重研究中小学教师评价体系的某一侧面，如教师评价的目标价值、主体、方法或模式，教师评价改革探索，以及国外教师评价的经验做法对我国的启示等。我国还有学者声言研究中小学教师评价体系，但其实该研究仅局限于中小学教师评价的内容指标体系。此外，我国还有学者专门研究国外中小学教师评价或其教师评价体系的某些内容，如国外中小学教师评价的政策或制度、历史演变、内容标准、方法模式、指标体系等。

北京市有研究者针对北京市中小学评价问题展开某些侧面和维

度的研究。如有学者主张课堂教学评价实行单独反馈与集体反馈相结合；单独反馈能让教师与评价者（督学）有较多机会进行面对面的沟通交流，更易获取全面信息，而集体反馈适用于针对教师在教学过程中存在的普遍性问题与教师开展集体座谈，以集中反馈意见并了解教师想法。[①]

总体上看，现行研究大多仅从教师评价的某一类型、视角或环节开展研究，缺乏对教师评价体系的系统化研究设计，同时缺乏对教师评价实践过程中所存在问题的系统性审思和对策研究。

（二）教师评价缺乏实证研究

当前，大多有关中小学教师评价的研究聚焦教师评价理念、功能等的理论解释或教师评价指标、方法等的建构设计，缺乏实证研究的检验和论证。近年来，有些学者在教师评价的实证研究方面开展了一些探索。有学者通过问卷调查和访谈中小学校长和教师探讨了现行中小学教师评价存在的缺陷，如强调学校的行政管理而忽视教师的专业发展，强调定量评价而忽视定性评价等。[②] 有学者针对义务教育学校绩效工资改革政策，对全国东、中、西三个区域 16 个省份的义务教育学校教师绩效工资政策的实施状况进行了调查，根据调查结果提出对策建议。[③] 有学者基于教师访谈和实证检验等研究方法，初步构建了我国教师专业素

[①] 李建平，王霞，吴春霞.督学进行课堂评价反馈的途径和方法 [J]. 北京教育（普教版），2018（5）：38-40.

[②] 田爱丽，张晓峰.对现行中小学教师评价制度的调查与分析 [J]. 教育理论与实践，2004（3）：26-30.

[③] 安雪慧.义务教育学校绩效工资政策实施情况分析评估研究 [J]. 教育科学研究，2017（2）：94-96.

养测评指标体系。[①]

但整体上看，对教师评价的实证研究尚未引起足够重视，实证研究成果较少；某些实证研究的样本量小，研究范围窄，研究结论普适性不强。

（三）教师评价缺乏核心素养融入的研究

当前，中小学教师评价研究较少融入师生核心素养，为数不多的研究也没有深入探讨核心素养融入教师评价的具体指标和路径等。有学者提出，为了培养学生的核心素养，教师需要获得相应专业发展，确立教育要发展学生"适应终身发展和社会发展需要的必备品格和关键能力"的专业思想和理念，在专业知识方面要有质、量和结构的发展，密切关注教师自身的教学设计、教学管理、教学交往等能力的发展，同时发展和形成相应的专业心理品质；教师需要实现从学科中心向育人中心的转变，从追求学生分数转向关注学生的全面发展，开展探究性的教与学活动，创设问题情境，引导学生解决现实问题和在学习中学会做事；指导学生开展自主学习、合作探究；教师的教学思路要从知识教育转向能力教育，进而走向素养教育；教师要优化自身的知识结构，拓展文化基础知识，深化所教的学科知识，补充相关的学科知识。[②] 还有学者认为，在核心素养视阈下，各国基于新时期学生核心素养的新要求，分别研究制订了各具特色的教师评价指标体系，其中美国、英国、日本分别强调综合取向、金字塔层级、能力导向。我国中小学教师专业评价标准与学生核心素养内容有一定契合但也有一定疏离。学生核心素养应当对教师

---

① 朱立明，马振，冯用军.我国教师专业素养测评指标体系的构建[J].教育科学研究，2019（12）：80.

② 姜月.基于培养学生核心素养的教师专业发展[J].教育导刊，2016（11）：59-61.

评价有前瞻性的引领作用；教师评价指标体系要与学生核心素养的培养有内在的契合度，同时要有适度超越。[①]

整体上看，这些研究尝试探究了核心素养融入教师评价的思路和方向，但没有明确指出可操作性的具体内容和评价方法。

（四）教师评价缺乏基于我国国情的国外引介研究

当前，我国学者针对国外中小学教师评价开展的研究探索，大多停留在引入和介绍国外教师评价的功能、主体、内容和方法等层面，缺乏对国外教师评价的背景、过程、效果等进行适当的利弊评析，更缺乏对我国能否和如何吸收借鉴的思考。有些研究直接引用国外教师评价的制度和模式，缺乏本土化层面的理性审思，特别是在借鉴国外教师评价的理念、内容、标准和方法等过程中，缺乏本地化的理性转化和适切改进，对如何加强教师评价体系的科学性、合理性、人文性，如何公正运用评价结果和指导反馈并激发教师专业发展内驱力，更缺乏深入细致的探究。

整体上看，我国研究者对于国外教师评价的研究，多数是引介和阐释国外教师评价的理论概念和内容、方法等成熟性研究成果，缺乏本土实证研究或区域实践性原创成果。

四、评价实践偏向

当前，中小学教师评价实践存在一些偏向，主要是教师评价主体

---

① 张红霞.核心素养视阈下美、英、日中小学教师评价指标的分析及启示 [J]. 当代教育论坛，2018（2）：23-30.

单一，其他评价主体评价大多流于形式；教师评价内容过于注重教学成绩等评价，淡化综合评价和差异化评价；教师评价方式过于注重定量评价，忽视课堂观察评价等定性评价方法；教师评价结果主要用于对教师的绩效工资分配及评优表彰，缺少具体指导反馈。

（一）教师多元主体评价流于形式

当前，中小学教师评价主体单一，以评价管理者为主，其他评价主体开展的教师评价大多流于形式，没有真正有效发挥评价主体作用；评价工作主要依赖行政权力和外在压力，自上而下开展工作，教师评价方案的行政管理色彩较浓，多由学校领导甚至教育主管部门制订；教师缺乏对教师评价的科学认知与自主参与。

有研究者开展的问卷调查表明，中小学教师评价方案制订者主要是学校领导（55.1%），其次是教育行政部门人员（18.0%）、教师代表大会代表（12.2%）和教师（2.6%）等。[①] 在开展教师评价的过程中，即使教师可以通过教师代表大会表达自己的意见和建议，最终的决定权仍属于学校的领导。这表明，在教师评价中，校长等学校管理者的评价占主导地位，其他评价主体难以发挥作用，评价主体的单一化较为明显。学校管理者在教师评价中处于主导和支配地位，有权进行评价方案和指标的制订并控制评价的过程和结果，而教师处在被动地接受评价的弱势地位，缺乏应有的话语权和选择权。由于学校管理者与教师缺乏充分的沟通交流，教师评价方案和指标难免会在一定程度上脱离教师实际业务工作。由于教师自身缺乏真正的评价参与权，其意见难以得到尊重，致使

---

① 毛利丹.中小学教师评价研究 [M]. 北京：中国社会科学出版社，2017：94.

不少教师产生消极或抵触情绪，对教师评价的认知会产生偏差，从而缺乏参与教师评价的主动性以及通过教师评价主动查找和解决问题的动力，错失教师专业发展良机，这不利于教师有效地提高自身的专业技能与教学水平，也不利于学校整体提升教育教学质量。另外，有些中小学管理人员以推门听课作为教育行政部门布置的任务或学校的例行检查评估手段，但这些听课的管理人员受学科专业限制，无法对教师予以有效教学指导反馈。同时，有些学校开展的教师评价中，同行评价流于形式，与教师平时共事的同事同行仅仅对教师进行"蜻蜓点水"式的无关痛痒的评价，没有起到提高教师的教学水平和强化教师的合作关系的积极作用，其背后的主要原因是受我国传统文化中同事"面子"以及个体对集体依附性的影响；学生评价和家长评价也难以产生实质效果，因为学生和家长的建议在教师评价中不受重视，而且为了搞好与教师的良好关系，他们对教师表扬居多，这不利于教师从中发现自身教育教学中存在的现实问题。

本研究访谈显示，超过半数的教师认为，教师自评在教师评价中所占比例仅有 10% ~ 20%，而且校方不重视教师自评结果，教师自评并未发挥应有作用。教师普遍感到教师评价制度缺乏足够的透明度，更谈不上充分参与教师评价方案的制订和实施，因而教师自评的主动意愿较低，加上教师自评带有较强主观性和以偏概全的评价误差，以及受利益驱动而可能做出的不够客观公正的自评结果，因而教师自评在教师评价中也缺乏认同感，教师大多处于被动接受评判的地位。在有些中小学，虽然教师评价主体还包括学校所邀请的校外名师、教研员或专家学者等，但是主要由学校领导所组成的考评小组作出教师评价的最终决定和确定最终评价结果。总之，学校领导评价往往处于核心地位，教师的评优选先、奖金发放、职称晋升都由学校领导决定。

可见，教师评价缺乏真正的主体多元化机制，导致教师评价轻视或淡化评价者与参评教师的相互沟通交流，造成由学校管理者主导的评价主体与教师间的不平等关系，这不利于调动教师参与教师评价的主动性，不利于通过教师评价改进教师的教学，也不利于激发教师参与学校管理的积极性；有些教师疲于应对教师评价给自身带来的压力，仅局限于既定教学任务的完成和教学技术等的表面改进，丧失了教师应有的职业使命感和教育信仰。同时，这种教师评价带有较强的行政色彩，强调自上而下的单向评价、结果评价而轻视过程性评价和对教师的指导反馈，忽视教师的个性需求和内在发展需要，导致教师评价的严重异化。

（二）教师评价内容过于注重教学成绩等评价

当前，中小学教师评价内容主要侧重教师的教学成绩、科研成果和获奖情况等工作绩效，忽视综合评价和差异化评价。

现行中小学教师评价过于注重教师所教学生的学业成绩。由于学生学业成绩能直观体现教师的教育产出，容易获得统计数据，加之应试教育影响下家长和社会在期盼升学率和名校率过程中对学生高分数的期待，学生成绩被列为教师评价的主要指标，但对教师在教育教学诸多环节中所付出的努力以及教师的日常师德表现、教学情感、教学经验特色、教学个性化创新、学科发展动向趋势研究、学生综合素质提升等难以量化的评价内容，往往予以忽视或赋予较低权重，由此导致教师评价结果的不科学、不公正、不准确现象。有调查显示，有些中小学的教师评价内容最侧重教师的教学成绩（26.8%），其次是教师在教育教学中的表现（26.5%）、教师的工作态度和品质（22.8%）以及教师的师德修养（22.3），等。①

　　本研究对中小学教师的调查问卷也显示，大多教师认为，教师评价对教学成绩重视程度较高：选择学校教师评价中对教师的教学成绩"最为重视"的教师比例最高，达到38.5%；选择对教师的教学成绩"最为重视""非常重视"和"比较重视"的比例共达78.8%。（见图3.2）针对"您是否认可教师评价过于看重教学成绩而忽视教师的兴趣特长和教学特色？"这一问卷调查的统计结果显示，85.1%的教师对这一问题回答"是"。这充分表明，教师评价过程中过于重视教师的教学成绩而轻视教师的兴趣特长和教学特色。

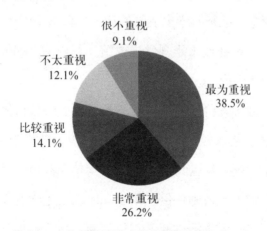

图3.2　当前教师评价对教学成绩重视程度示意图

---

① 毛利丹. 中小学教师评价研究 [M]. 北京：中国社会科学出版社，2017：96.

以教师所教学生的学业成绩作为教师的工作业绩，甚至近乎唯一的评价指标，导致教师无暇开展深度学习、拓宽教学知识、发展教学技能、开展教学研究和创新、展示教学特长特色等，而是花费大部分时间研究应试技巧、收集考试资料和让学生机械强化训练从而获取更高分数，限制学生个性发展和全面发展，从而使教师偏离专业发展方向，过分追逐绩效奖励和荣誉奖励，由此降低了以教师评价引领教师的专业发展和学校的长期战略发展的功能和价值；教师评价中偏重学生学业成绩，还会造成忽视教师教学效果的长期性、教师的职业特点，以及学生成绩与其智力因素和个人意志力、家庭环境等非智力因素的紧密联系；导致教师失去专业自主权，不再考虑教育教学的伦理价值，将教师角色工具化，令"教书不育人"成为"潜规则"。有调查显示，在教师对评价内容（师德，专业知识，教学能力，学生成绩，科研成果）重要性认可情况的问卷调查中，教师对学生成绩的认可度仅有 2.97%。[①]

中小学教师评价在过于重视学生成绩、忽视综合评价的同时，还忽视对教师的差异化评价。

整体上看，教师评价带有较浓的行政色彩。学校依照教育行政部门提出的统一标准和要求，对教师进行统一评价，忽视教师的个性差异。本研究在访谈中发现，接受访谈的学校每学年末开展一次以定量评价为主的、自上而下的等级教师评价，用教师所教学生学业成绩和教师工作量等僵硬的所谓客观评价标准衡量每位教师；评价标准整齐划一，全校

---

① 保定凯，万金雷．中小学教师评价现状的个案调查——从促进教师专业发展的角度 [J]．教师教育研究，2005（5）：50．

教师评价采用多年不变的统一评价标准。这种教师评价没有考量学生个体的智力因素、学习基础、学习态度与习惯、家庭教育状况及学校发展水平，以及教师的学历背景、兴趣专长、所处专业发展阶段、任教学科等个性化因素，严重忽视教师的个性差异，使原本富有个性的教师蜕变成统一评价标准下的抽象个人，抹杀了教师的个性化追求和专业发展内驱力，也难以客观体现教师的教育教学能力和在教师评价过程中出现的各种问题，评价结果也缺乏说服力和认可度。有些教师在评价中不占优势，对评价产生恐惧、排斥心理，与同事关系恶化，乃至开展恶性竞争。同时，运用统一标准开展教师评价，忽视教师的个性差异，对于那些具有值得称道的教学特色风格的教师而言，不但抹杀了这些教师的教学个性，而且也不利于教师专业发展和学校特色创建。

本研究在调研中发现，北京市某些中小学的教师评价，在侧重教师所教学生的学业成绩的同时，还非常关注教师的课题研究和论著论文等科研成果这类定量评价指标。在教师的绩效奖励方面，不少学校按工作量制订分配方案，侧重结果导向，从一定程度上忽视教师专业发展。首都师范大学教育学部近年来在北京市某些地区开展的中小学教学和评价调研也显示，教师评价侧重教师所教的学生成绩，评价内容单一。有些教师非常注重加强与学生（尤其是学困生和有心理疾病等身体状况的学生）的沟通与交流，力求建立和谐的师生关系，围绕"学科育人"促进学生全面发展，有效促进了学生的健康成长，但教师的育人过程得不到合理、有充分显示度的科学评价。可见，教师评价的内容过于强调教师所教学生的学业成绩和教师论文等教研成果这类统一评价内容和指标，而没有关注教师培养学生全面发展所付出的个性化努力等其他教师评价内容，教师评价内容的综合性和差异化不够。

（三）教师评价方法过于注重定量评价

受企业绩效管理体系的影响，不少中小学的教师评价以精细的定量评价方法作为主要评价方法。评价过程中把复杂的教师工作逐项量化，转化为统计数据，基于其符合学校管理规定的程度，将其量化为分值，强调教师评价指标达成、可量化数据和结果排名，以提高教师评价的客观性和管理效率。结果性、奖惩性导向的教师评价大多青睐定量评价方法，即使是定性评价指标在评价实践中也都转化为"计件制"下的定量指标，以便于教师业绩和工作量的核算，从而最终根据定量评价结果对教师进行排名和奖惩。

本研究发现，中小学教师评价主要使用定量评价方法，与通过课堂观察评价等定性评价方法相比，学校更侧重定量绩效考评。本研究在访谈中小学教师过程中发现，超过半数的学校有一份"教师评价表"，它用量化方法简化评价程序，让评价者只需根据评价表上的直观性量化数据，便可清晰、简便地了解教师工作情况，进而实现对教师的有效管理。研究某些学校的教师评价方案发现，每项教师评价指标，如师德表现、教育教学成绩等，均被赋予一定分值。教师评价的各项内容，如教师开展的日常工作、教师评价问卷调查结果、用于考察教师教学表现的课堂观察记录、教师自评记录、学生成绩等，都对应具体分数，用以学期末整合形成定量评价结果，据此发放绩效工资和进行奖惩。

在教师评价过程中，这些定量评价数据虽然是评价者基于教育教学管理要求用实证量化方法获取的，但这种"让数据说话"的定量教师评价方法容易把教师评价物化为强化教育教学管理的技术工具。

事实上，教师定量评价方法存在不足之处。首先，教师的劳动很难量化。教育教学能测量的部分非常有限。例如，对于教师思想品德、工作经验和能力、备课质量、作业设计质量与原创设计程度、教学情感、创新教法能力、工作态度、敬业精神、教师参与家校合作的深度等，很难用分数准确量化，也难以做到科学合理、客观公正。其次，用数字衡量教师工作，有对教师不信任和不尊重之嫌。一些教师评价者往往过于夸大人性弱点，不信任、不尊重教师，通过强化管理和奖惩激发教师的生存与安全等"低级需要"，忽略教师的情感、尊严、荣誉等"高级需要"，由此导致教师之间的无序竞争，对教师之间的沟通合作造成不利影响，还会使某些中小学教师过于追求教师评价的高分值或易于达成的评价指标以期追求高绩效和获得奖励表彰，而忽视高效、优质的课堂教学改革创新等长效性的专业发展。这种将教师的业务工作直接与他们的工作量和物质报酬挂钩，试图将他们的工作态度、能力、投入和效果等全部量化并积分排序的做法，其实是对教师的工作性质的企业化、庸俗化、矮化，最终会败坏师德师风，使教师遗忘其教育初心，成为追名逐利之徒。[1]

（四）教师评价结果运用缺少具体指导反馈

教育评价的主要目的不是区分，而是通过评价推动教育工作的改进。[2] 同样，教师评价作为教育评价的重要组成部分，其主要目的不

---

[1] 石中英. 回归教育本体——当前我国教育评价体系改革刍议 [J]. 教育研究，2020（9）：9.

[2] Stufflebeam, Daniel L. Educational Evaluation and Decision Making [J]. Journal of Mathematical Psychology, 1971, 24 (2): 163-175.

是对教师进行区分，而是通过教师评价促进教师专业发展，进而推动教育质量的提升。但现行教师评价机制下，不少评价者过于重视教师评价的筛选和奖惩功能，忽视对教师的指导反馈。同时，大多数利益相关者参与教师评价也往往心怀"功利性"，只关注教师评价的结果，若对评价结果满意便不太关注对教师评价的经验总结和对教师的专业发展建议。

本研究在访谈教师过程中发现，评价结果运用缺乏具体的指导反馈，更没有针对性和个性化的教师专业发展改进建议；教师也没有足够机会和畅通渠道表达自身的诉求和建议。本研究开展的教师问卷调查数据也显示，当前中小学教师评价的结果运用主要体现于对教师的评优表彰和绩效工资分配，缺乏对教师的充分指导反馈。（见图3.3）

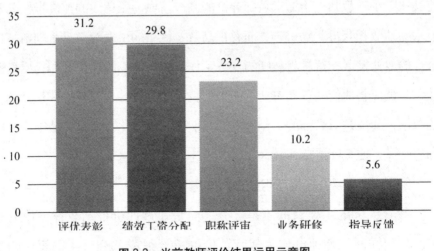

图3.3　当前教师评价结果运用示意图

可见，现行中小学教师评价侧重关注教师开展教育教学的结果评判而非指导反馈，不利于及时发现教育教学中存在的问题，高度概括的评价结论也无法真正帮助教师提升专业发展水平；教师评价淡化其交流和促进功能，不注重在教师评价过程中及时发现教师工作中的优缺点，忽视基于评价管理者和参评教师的平等交流向参评教师及时反馈评价具体信息并提出指导性意见及教育教学改进建议，从而不利于改进参评教师的教育教学和促进其专业发展；教师评价尚未形成完善的教师申诉机制，教师对评价结果有异议时缺乏有效的申诉保障，会对教师评价的认可度和实际效果产生不利影响。

第四章　优化中小学教师评价体系的对策建议

内容提要

　　针对中小学教师评价体系存在的问题，要采取针对性完善措施。

　　一是树立新的教师评价理念。教师评价要着眼于教师的专业发展和学校的教育质量提升，回归教育教学本质，围绕"以评价促发展"的评价思想开展教师评价改革，坚持教师为本的评价导向，坚持奖惩性评价与发展性评价相结合；构建和谐的教师评价文化，将科学标准与人文考量相结合，促进教师平等参与教师评价，尊重和关爱教师。二是完善教师评价制度。完善法规政策，构建完备系统、前瞻性和可操作性的教师评价体系；健全制度机制，建立专门的教师评价机构，优化和有效衔接教师评价各环节。三是加强教师评价体系的研究。强化教师评价的体系化研究、定量研究、核心素养融入教师评价的研究以及国外成果合理引介研究；建构教师评价体系模型，理清和优化教师评价有关环节，助推教师评价体系实践。北京市教师评价体系，基于首都教育发展的更高要求，可更强调课堂教学创新、科研成果、对学生的过程性指导等。四是强化教师评价体系实践运用。优化教师评价主体，构建教师评价共同体；优化教师评价内容，开展综合评价和差异化评价；优化教师评价方法，完善定量评价，加强定性评价；优化教师评价结果运用，创新评价指导反馈与激励措施。

第一节　更新教师评价观念

一、树立新的教师评价理念

中小学教师评价要着眼于教师的专业发展和学校的教育质量提升，回归教育教学本质。教师评价的决策和管理者要基于教育教学和教师评价的规律，针对教师评价改革的突出问题，树立正确的教师评价观和教师评价价值导向，围绕"以评价促发展"的评价思想和制度逻辑，立足教师的个性发展、专业发展以及教师发展与学校教育质量提升的融合，构建教师评价体系机制。开展教师评价改革，应树立教师评价新理念，强调教育教学过程的人文性，坚持教师为本的评价导向，坚持奖惩性评价与发展性评价相结合。

（一）坚持教师为本的评价导向

传统的教师评价注重按照定量为主的统一评价标准，以教师所教学生的学业成绩为主要评价内容，将教师角色工具化，忽略教师在教师评价中的地位。

人本主义理论倡导人的自主性，弘扬人的尊严价值和个体潜能发挥，成为现代教师评价的理论基础之一。基于人本主义理论的教师评价，特别是发展性教师评价，关注教师的个体发展需求和兴趣潜能，强调以教师为本，主张开展人性化的教师评价，充分肯定教师的尊严和主体地位，提倡发挥教师在评价中的主动性、主体性，尊重教师在教师评价过程中的多元化需求；针对教师差异设定不同的教师评价标准，倡导多元主体评价，客观、科学、全面评价教师，针对教师评价的结果及时进行指导反馈，促进教师及时改进教育教学过程中的不足，助力教师通过教师评价获得专业发展，彰显教师评价过程中的人本主义思想和对教师的人文关怀。

坚持教师为本的教师评价，要以建设高素质专业化创新型教师队伍为核心，在改革教师评价方法和指标的同时，树立正确的教师评价观，坚持将满足人民群众对公平、优质教育的需求和建设高素质教师队伍放在首位，以此统筹教师评价体系。为此，要在教师评价过程中以教师为本，坚持教师是教师评价改革的主体，充分发挥广大教师的主动性和创造性，促进教师的专业发展。

要创建体现素质教育需求、以教师专业发展为核心的中小学教师评价体系，切实扭转教师评价中教师的工具化倾向，改变过分强调用学生考试成绩和升学率评价教师的做法，充分发挥教师评价的指导、改进和激励功能，把教师评价看成尊重教师和激励其展示特长、发挥潜能、追求卓越、不断发展的过程，以促进教师专业成长。

（二）坚持奖惩性与发展性评价相结合的教师评价理念

当前，我国中小学教师评价侧重奖惩性评价，强调奖优罚劣，对教师的专业发展关注不够，不利于通过教师评价及时发现教师存在的问题并及时提供指导反馈以期推动教师专业发展，还会导致教师的激烈竞争和逆反心理；评价结果的不确定性和不可控性，还会导致教师工作积极性的降低。

奖惩性评价与发展性评价相结合的教师评价理念是当今教师评价的共同理念和趋势，能最大限度促进教师的专业发展。奖惩性评价与发展性评价相结合，既能发挥评价标准明晰、便于管理的特点，又能激发教师工作的主动性，推动教师的专业发展。适当利用奖惩性评价的激励作用，同时基于教师为本的理念开展人性化教育教学治理，在教师评价过程中实施发展性评价，有助于在推动教师专业成长的同时促进教师发展与学校治理的融合，进而推进教师和学校的共同发展。

当前，不少发达国家都在践行奖惩性评价与发展性评价相结合的教师评价理念，有些国家还趋于基于教师发展意愿和兴趣潜力个性化、人性化激励教师，助力教师专业发展，提升教师素质能力。

韩国起初依照教育公务员升职规定开展教师评价，并将评价结果作为教师奖罚的依据。后来，颁布新的中小学教师评价方案，关注评价的反馈、诊断及发展性功能，力图通过评价来改进教师教学，推动教师专业发展。[①] 日本东京都的教师评价以教师自我评价及业绩考核为基础，校长和教导主任在评价过程中提出指导意见，最后将教师评价结果作为教师晋升、加薪的重要依据；[②] 广岛县的教师评价结果用于教师的差别化加薪、职务晋升与研修选拔；若教师对评价结果有意见还可向相应机关提出申诉，校长同时对教师进行指导帮助。[③] 新加坡支持教师参与教师评价，并尊重教师的职业志向、特长潜力，开通教学通道、专家通道、领导通道等多种教师发展通道，激发教师专业发展内驱力；对于选择教学通道的教师，考评管理者和参评教师基于考评结果进行沟通交流，指导教师未来努力目标方向。[④] 英国的中小学教师评价制度改革先后经历了奖惩性教师评价、发展性教师评价、绩效工资评价和绩效管理评价等演进过程。近年来，教师绩效管理改革趋于建立公平、平等的制度环境，将教师专业成长与绩效挂钩，确保不同专业发展水平的教师都能获得成长，取消教师薪酬自动晋升。[⑤] 美国 21 世纪以来，从联邦到各州将基于学生成绩的绩效评价与推动教师专业发展的表现性评价紧密配合。有些学区根据教师教学表现和学生成绩实行教师绩效奖励和职级晋升制

① 张志坚. 韩国中小学教师评价新制度研究 [J]. 世界教育信息，2013 (1)：52-53.

② 贾文婷. 日本：问题倒逼制度转换——国外中小学教师评价体系扫描 [N]. 人民日报，2015-10-04 (05).

③ 殷爽，陈欣. 日本公立中小学教师评价制度改革：背景、内容与问题 [J]. 外国教育研究，2016 (5)：57-64.

④ 新加坡使馆教育处. 新加坡"不一样"的教师绩效管理 [J]. 人民教育，2015 (8)：69-70.

⑤ Department for Education. Evaluation of Teachers' Pay Reform: Final Report [R]. London, 2017: 18, 24.

度。[1]2017 年国家教师质量委员会的报告表明，43 个州要求根据学生成绩评价教师，27 个州要求对部分教师进行多次课堂观察。[2] 有些州设立教师退出机制，但依法律正当程序解聘教师以避免权力滥用。[3] 芬兰政府高度信任教师，不开展自上而下的定期教师评价，而通过教师自评和校长与教师研讨激励教师专业发展。2015 年国际学生评估项目（PISA）显示，95% 的参与学校领导表示开展了学校自主教师评价。2018 年，由经济合作与发展组织开展的"教与学国际调查"（TALIS）显示，三成以上（35%）的芬兰教师所在校的校长报告每年至少正式开展一次教师自评。[4] 澳大利亚设置不同层级的教师专业标准用于评价教师和支持教师专业成长，促进教师队伍素质能力的提升。[5] 新西兰的中小学教师评价起初注重教师管理和问责，以防官僚主义的低效管理。[6] 2020 年，《教育与培训法（2020 年）》（*Education and Training Act 2020*）取消教师绩效评价过程中某些问责和程序性审核等规定，[7] 强调通过教师评价与教师对话合作以及建立衔接性的教师评价标准等方式促进

---

① 陈科武. 美国中小学教师评价及绩效工资管窥——以哥伦比亚公立学区系统为例 [J]. 教育测量与评价，2014 (8): 17-20.

② National Council on Teacher Quality. 2017 State Teacher Policy Yearbook: National summary [R]. NCTQ Project Team, Washington: 2017: 75-96.

③ Findlaw. Teachers' Rights: Tenure and Dismissal [EB/OL]. (2016-06-20) [2022-06-05]. https://www.findlaw.com/education/teachers-rights/teachers-rights-tenure-and-dismissal.html.

④ OECD. Education Policy Outlook: Finland [R]. 2020: 16.

⑤ NSW Education Standards Authority. Australian Professional Standards for Teachers [S]. 2018: 6-7.

⑥ Locket T, Vulliamy G, Webb R, Hill M. Being a "professional" primary school teacher at the beginning of the 21st century: a comparative analysis of primary teacher professionalism in New Zealand and England [J]. Journal of Education Policy, 2005, 20 (5): 555-581.

⑦ New Zealand Government. Education and Training Act 2020 [S]. 2020: 105-107.

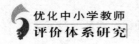

教师专业成长。[①]

顺应当今奖惩性评价与发展性评价相结合的教师评价理念，教师评价要树立马克思主义的评价观，坚持马克思主义的唯物辩证法思想，反对奖惩性评价和发展性评价二元对立的教师评价观，实行奖惩性评价与发展性评价相结合。此外，从生态或系统哲学的角度而言，事物存在的稳定状态需要正负平衡。据此，理想的教师评价应是正面的引导和负面的惩戒相平衡。

教师评价决策和管理者在教师评价过程中，一方面要通过物质奖励和荣誉激励等手段对教师表现和发展予以肯定和奖励，一方面要坚持以促进教师发展为基本理念，将"以评促改"作为教师评价的最终落脚点和归宿点。通过对教师整体和个性发展的把握，充分发挥教师评价的引导、诊断、指导、反馈、改进、激励等综合功能，改变过于强调甄别和惩戒的做法，摒弃单纯强调奖惩的教师评价倾向，建立奖惩性评价与发展性评价有机结合的教师评价体系和机制。为此，可对教师进行达标性奖励，让努力进步的教师都能获得一定程度的奖励，以此营造激励教师未来专业成长的积极向上的氛围；同时，要适当发挥教师评价的筛选、促优功能，表彰和奖励获得显著综合业绩的优秀教师，充分激发其发展潜能和动力。

北京市某些中小学的教师评价关注奖惩性评价与发展性评价紧密结合。清华大学附属小学在教师评价中坚持外在奖惩和内在发展相统一，

① 史大胜，王燕. 新西兰中小学教师评价制度改革：动因、举措与价值取向 [J]. 比较教育研究，2021 (12): 23-24.

这既符合社会发展的需要，也符合教师个体发展的需要；教师评价面向教师的未来发展；教师评价内容既关注教师的教学业绩，也关注教师的科研和合作等绩效；教师评价方法整合过程性评价和终结性评价，将他人评价和自我评价相结合、纵向比较与横向比较相结合，通过教师评价促进教师的反思和发展，最终将其转化成生产力，将教师发展的实效作用于学生的素养发展。[①]

二、构建和谐的教师评价文化

教师评价不要一味追求过于标准化的流水线型工业生产标准模式，而要在开发教师评价技术工具和标准化评价体系的同时，将科学标准与人文考量相结合，尽力满足教师的多元化、个性化需求，促进教师在教师评价过程中的自主、平等参与，尊重和关爱教师，创建和谐民主的评价文化。

（一）推动教师自主和平等参与

传统的教师评价中，教师评价决策和管理者通过开展自上而下的教师评价，评定教师等级，以此作为教师晋级、解聘等的奖惩依据，不太注重教师在教师评价过程中的自主、平等参与。这种评价忽视教师在教师评价中的主观能动性，还会使教师处于被监管的地位，缺乏应有的教师评价平等参与。

当前，教师评价理论强调教师在教师评价过程中的主体地位，以实

---

① 王丽星，尹红丹．教师评价体系如何体现发展性 [J]．人民教育，2015（13）：71．

现教师的自主发展需求，让教师通过参与评价与管理来改进学校教育教学工作和提升教师自身专业素质。现行中小学教师评价趋于支持和激励教师在教师评价中充当重要的主体角色，推进教师在教师评价过程中的自主、平等参与。

某些发达国家注重为教师赋权增能，赋予教师教育教学自主权和教师评价的参与权、知情权、话语权等，以期激发教师参与评价的自主性。

日本赋予中小学教师参与教师评价的权利。东京都的教师评价先由教师与校长和教导主任面谈以确定教师的教学目标方向；考核期结束后，教师根据其完成程度进行自我评价。[①] 新加坡对中小学教师实行分层分类考评，鼓励教师按其专业能力和兴趣明确工作目标，为教师设立多种业发展通道以利于其实现自身价值。[②] 英国的中小学教师在教师评价过程中，与教师小组长定期交流探讨，积极参与学校绩效管理。[③] 教师评价建立在参评教师与评价管理者对教师评价的背景、评价目标、评价标准、评价程序、评价过程与结果相互理解、尊重的基础之上，教师评价结果较为公平，具有较大程度的可接受性。[④] 美国有些州在推动教师绩效评价过程中实行多元主体评价制度，如哥伦比亚公立学区注重通

---

① 贾文婷. 日本：问题倒逼制度转换——国外中小学教师评价体系扫描 [N]. 人民日报，2015-10-04 (05).

② NCEE. Singapore: Teachers and Principals [EB/OL]. (2021-03-02) [2022-05-21]. https://ncee.org/country/singapore.

③ Ofsted. The education inspection framework [R]. London, 2019: 9-11.

④ 黄培昭. 英国：绩效评定公开透明——国外中小学教师评价体系扫描 [N]. 人民日报，2015-10-04 (05).

过学校管理人员和校外教育专家开展的课堂观察和访谈等方式，加强教师评价中与教师的研讨交流以促进教师参与评价和改进教学。[①] 芬兰中小学教师的入职门槛较高，教师素质能力整体较强，国家对教师素质充满自信，不开展专门的教师评价，而是聚焦通过教师自评激励教师不断提升专业素质技能。[②] 澳大利亚注重教师的自我反思和自我评价，引领教师把握教学中对学生学习的评价技能、反思教师自身的评价行为，通过"促学评价"在改进学生学习的同时，促进教师自身的专业发展。[③] 新西兰从 2021 年开始不再开展教师绩效评价以问责教师，而面向所有教师实施"教师专业成长周期"和"年度认证周期"作为教师评价主要方式，支持教师借此积极开展专业发展活动，每年进行两次以上专业对话、一两次课堂观察、反思实践等，[④] 以指导教师改进教学行为。

可见，发达国家教师评价注重激励教师在教师评价中成为自由"舞者"和评价的直接参与者，通过赋予教师享有评价知情权、表达权等，促进教师专业发展和推动学校治理能力提升。

顺应教师评价中鼓励教师参与教师评价和为教师赋权增能的趋势，教师评价决策和管理者要鼓励教师主动参与评价。

---

① District of Columbia Public Schools. The District of Columbia Public Schools Effectiveness Assessment System for School-Based Personnel [R]. Washington: 2018-2019: 3-54.

② OECD. Education Policy Outlook: Finland [R]. 2020: 16.

③ Tools to Enhance Assessment Literacy [DB /OL]. (2020-03-29) [2022-06-01]. http://teal.global2. vic.edu.au.

④ Post Primary Teachers' Association. The moratorium on appraisal [EB/OL]. (2020-09-14) [2022-06-02]. https://www.ppta.org.nz/news-and-media/moratorium-onappraisal-july-2020/.

　　要树立激励教师参与教师评价的主体性意识，充分发挥教师在教师评价中的主观能动性；引导教师强化积极参与教师评价的自主意识，构建更多平台便利教师积极参与教师评价规划和方案的制订、实施和反馈，让教师认识到自我角色在教师评价中的重要意义以及教师自身在教师评价中的基本权利和义务；鼓励教师加强与同事同行等教师评价利益相关者的互助合作，树立教师评价的责任观，对学校领导、同事和学生等多方评价主体及学校发展负责；强化教师的自评和反思意识，指导教师通过教师评价培训活动等开展科学的教师自评，增强教师评价实效；指导教师树立自我超越的自主专业发展理念，引导教师通过教师评价，实现从功利的"生存型"教师向超功利的"发展型"教师的转变。①

　　同时，教师评价决策和管理者要为教师在教师评价方面赋权增能。要积极吸纳教师参与教师评价，通过"权力下移"确保教师在教师评价中享有一定主动权，支持和指导教师在教师评价中从被动的"受监督者"转变为主动的"参与者"，以促进学校的民主管理和教师在学校管理中的民主参与权，促进教师专业发展，推动学校治理能力提升。具体而言，制订教师评价方案时，要赋予教师知情权，让教师充分参与教师评价的规划和实施过程，以便于教师在后续教师评价中积极参与和发挥作用；要赋予教师话语权，与教师平等协商，认真听取教师在教师评价规划、实施、结果反馈中提出的意见和建议；要赋予教师专业自主权，改变学校决策和管理者与教师的"二元对立"权利模式，将学校的决策和

---

　　① 叶澜，白益民，王枬，陶志琼. 教师角色与教师发展新探 [M]. 北京：教育科学出版社，2001：82.

管理权与教师的教学专业权分离，全面赋予教师教学自主权，激励教师结合学校整体发展规划自主规划个性化的自主发展内容和方式，自主把控课堂教学活动与创新，充分听取教师本人和专家同行的教学建议与反馈。

（二）加强对教师的人文关怀

近年来，我国的中小学教师评价侧重用统一的量化标准评价教师工作业绩，淡化教师的差别化、多元化需求，这不利于建设和谐民主的评价文化，无助于通过教师评价促进教师和学校的协同发展。

新时代教师评价趋于适当淡化僵硬的量化标准，加强对教师的人文关怀，以增强评价结果的公信力，激励教师积极专注教育教学"内功"，满足教师的多元化、个性化需求，营造和谐民主的评价文化，促进教师与学校融合发展。

发达国家重视在教师评价中加强对教师的人文关怀，支持教师参与评价过程，并根据教师的发展意愿和教师评价结果，创造良好条件和平台，人性化地激励教师自主发展。

日本东京都将教师评价导入目标管理模式，将过去的统一薪酬制度转换成考核结果分为若干等级，作为教师晋升和加薪的重要依据。[1] 广岛县的教师评价结果用于教师反思改进和业务研修、学校人事安排，以及对教师的差别化加薪、职务晋升和研修选拔。[2] 新加坡注重教师的个

---

[1] 贾文婷. 日本：问题倒逼制度转换——国外中小学教师评价体系扫描 [N]. 人民日报，2015-10-04 (05).

[2] 殷爽，陈欣. 日本公立中小学教师评价制度改革：背景、内容与问题 [J]. 外国教育研究，2016 (5): 57-64.

体特长、兴趣和潜能与学校发展的密切联系，并基于教师发展的意愿开通多种职业发展通道，以激发教师个体发展的内驱力。[①] 英国在教师绩效管理和评价过程中，为教师建立公平、平等的评价环境，激励教师专业发展，确保不同专业发展水平的教师都获得专业成长。[②] 教师的职称评审不设发表论文的硬性指标和论文等级，而与教师的工作业绩、课堂教学表现等密切相关。[③] 美国有些学区实行教师绩效奖励和职级晋升制度。哥伦比亚公立学区的中小学教师评价体系由低到高设置若干评分等级，即无效（ineffective）、低效（minimally effective）、基本高效（developing）、高效（effective）、非常高效（highly effective），按照该等级开展差别化教师评价。学区教师分为五个职级，即普通教师、合格教师、高级教师、杰出教师和专家教师；教师获"高效"或"非常高效"评价能获得晋升机会；教师若获"非常高效"评价，可依贫困生比例、学校既往的考试成绩和学生增值评价情况获得相应年度奖金。[④] 芬兰支持中小学教师开展自我评价，并为教师专业发展创造良好条件，以提高教师的工作满意度和积极性，助推教师自我评价和专业发展。"教与学国际调查"2018 年度报告显示，关于"赋予教师教学自主性、参与学校领导管理和专业发展机会"的调查表明，65% 的中小学校长在开展该项调查

---

① NCEE. Singapore: Teachers and Principals [EB/OL]. (2021-03-02) [2022-05-21]. https://ncee.org/country/singapore.

② Department for Education. Evaluation of Teachers' Pay Reform: Final Report [R]. London, 2017: 18, 24.

③ 黄培昭. 英国：绩效评定公开透明——国外中小学教师评价体系扫描 [N]. 人民日报，2015-10-04 (05).

④ District of Columbia Public Schools. The District of Columbia Public Schools Effectiveness Assessment System for School-Based Personnel [R]. Washington: 2018-2019: 3-54.

前一年内"经常"或"频繁"采取行动支持其所在学校教师开展交流合作以促进教师创新教学实践；77% 的中小学教师"认可"或"非常认可"其所在学校为教师提供了积极参与学校的教师发展决策机会。[①] 新西兰设置"教师专业成长周期"，强调教师专业发展过程中的交流合作，激励教师和专业领导者共同寻求适合每位教师的"专业成长周期"，促进教师个性化发展。[②] 新西兰政府将信任、期望、评价、发展、效率有机融合，破除教师评价中的程序繁杂、官僚主义等问题，简化教师评价程序，聚焦教师专业发展，从而实现教师评价的高效运行。[③]

我国教师评价政策同样要求采取多种手段激励教师，但实践中主要根据教师工作绩效进行物化奖励。受国外经验做法的启发，基于我国国情和各地校情，我国中小学教师评价应在多方面强化人文关怀。

围绕教师专业发展创建民主和谐的教师评价氛围。教师评价决策和管理者要以人为本，提高自身修养，发扬民主精神，充分考虑教师的个体差异，理性分析每位教师的优势和不足，以发展的眼光看待教师，创造良好条件让每位教师在教师评价中获得改进和发展机会，及时调解教师的心理问题。鼓励教师评价多方利益相关者的参与，为教师专业成长提供各种资源；在教师评价过程中与教师建立相互尊重、协商合作的关系，立足教师长远发展需求与教师协商制订教师评价方案，并鼓励教师

① Andreas Schleicher. TALIS 2018: Insights and Interpretations [R]. 2020: 54.

② Teaching Council of Aotearoa New Zealand. Professional growth cycle [EB/OL]. (2018-11-13) [2022-06-02]. https://teachingcouncil.nz/professional-practice/professional-growth-cycle/.

③ 史大胜，王燕. 新西兰中小学教师评价制度改革：动因、举措与价值取向 [J]. 比较教育研究，2021 (12): 25-26.

参与评价实施过程，多方收集教师对评价实施的反馈信息；尊重教师个性差异，发掘教师潜能特长，制定差异化教师评价标准，并通过档案袋评价等方式鼓励和支持教师个性化评价；开展教师同行评价，促进教师在教师评价过程中的协商交流和自我反思及共同专业成长；充分发挥家长在学校文化建设中的作用，认真倾听家长在教师评价过程中提出的问题和建议。

基于教师潜能兴趣切实满足教师自我实现的多样化需求。结合教师个人潜能与学校发展规划，为教师设计多种职业发展通道，引导教师基于自身潜能、兴趣爱好、专业特长实现个性化、专业化的自主发展，激发教师的职业发展内驱力，满足教师在教学改进、岗位晋升、职称评审等方面的多元化需求。为促进教师专业发展，要指导教师在教师评价中改进不足，参加各种研修和研究以提升业务素养；为激励教师的岗位晋升，要基于多样化的科学评价方法工具评价教师的师德表现和教育教学实绩，对教育教学贡献和业绩突出的教师予以岗位晋升；为开展科学的绩效考核和职称评审，要统筹学校和教师协同发展，激发教师的专业发展自主性，改变教师评价过于注重教学成绩和科研成果的单一化弊端，细化评价标准，采取差别化、多样化和人文性的激励措施，激发教师的个性潜能，特别是要重视教师的教学过程和实际努力，尊重教师在具体教学活动中的实际业绩和科研成果而不拘泥于教师大学所学专业与中小学实际任教学科和教师资格证书所认定学科的一致性；同时，要关注教师的精神和荣誉需求，针对教师在教育教学中的各种表现积极开展优秀教师、师德标兵、教学能手和优秀教学团队等评选活动。

在教师评价过程中，还要创新多元化、细节化、针对性的关爱教师手段，充分激发教师的潜能和专长，让教师评价成为温馨的展示自我的过程。要创造多种机会和平台，让教师充分展示亮点和特长。针对不同教师的专业发展需求，创设不同层次的教师专业发展课程供教师选择，并为教师创造平台加入各种学术组织，激发教师自主发展愿望。根据教师个性差异，创设教师特长发挥平台，如支持研究能力较强的教师负责新课程研发、主持课题申请。

第二节　完善教师评价制度

一、完善教师评价法规政策

当前，中小学教师评价法规政策体系的完整性、前瞻性和可操作性不够。要改革和完善有关法规政策，助力构建完备系统、前瞻性和可操作性的教师评价体系，以期教师评价迈入体系化、制度化、规范化的轨道。

（一）健全教师评价法规政策体系

当前，我国有关法规和政策对中小学教师评价缺乏完整、系统的规制。教师评价活动涉及教师切身利益，然而其法律依据和立法保障相对薄弱，有关法律法规不够系统，较为零散，而且没有明确界定教师评价的性质和法律地位，也没有对教师评价的主体、方式、程序、反馈等进行体系化规定。同时，教师评价政策大多嵌入某些综合性教育政策、教师政策或教师职称评审、特优教师评选等专项教师政策中，而且这些政策对教师评价的规定和要求仅涉及教师评价的某些环节，缺少对教师评价的体系化规则。

健全中小学教师评价法规政策，有助于强化对教师的教育教学活动的重要导向作用，推动教师评价的制度化，引领教师评价步入法治化规范化轨道，确保教师评价活动有法可依、有章可循，从而从制度层面改进教师的教育教学活动和推动教师队伍素质不断提升。

有些发达国家拥有专门的或相对系统的教师评价政策文件，规定教师评价的多个侧面或环节。

韩国早在 2010 年就颁行中小学教师评价方案——《全国中小学教师评价制度》，规定了多元化教师评价主体以及教师评价的反馈、诊断、促进发展功能；[①] 2015 年，又颁布了教师评价制度改革方案，将教师的业绩评价和奖金评价制度整合为教员业绩评价，要求教师、学生家长参与听课考察。[②] 日本 2001 年《公务员制度改革大纲》提出教师系教育公务员，教师评价制度也应顺应公务员改革，将能力评价和业绩评价直接用于教师评价制度。[③] 新加坡 2005 年对中小学教师实行改进性绩效管理制度（enhanced performance management system），2014 年又明确了教师多种发展通道以及教师评价的内容、程序、评分、结果反馈、多

---

① 张志坚. 韩国中小学教师评价新制度研究 [J]. 世界教育信息，2013 (1): 52-53.

② 万宇. 韩国：评价改革更重能力--国外中小学教师评价体系扫描 [N]. 人民日报，2015-10-04 (05).

③ 殷爽，陈欣. 日本公立中小学教师评价制度改革：背景、内容与问题 [J]. 外国教育研究，2016 (5): 55.

元激励措施。^① 英国 2000 年颁布了《学校中的绩效管理：绩效管理框架》；一年后又颁布了《学校中的绩效管理：绩效管理政策模式》与《教育条例：英格兰学校教师考核》，据此确立教师绩效管理（Performance Management）评价制度，明确了教师发展目标规划、教师参与学校绩效管理、教师评价标准、教师评价方式和奖惩等。^② 美国自 21 世纪以来尝试实行教师绩效评价与专业发展表现性评价密切结合的教师评价制度。2016 年，国家教师专业标准委员会（National Board for Professional Teaching Standards，简称 NBPTS）修订了早在 1989 年就在《教师应该知道什么和能够做到什么》（*What Teachers Should Know and Be Able to Do*）政策文件中所提出的卓越教师专业标准"五项核心主张"（Five Core Propositions），具体涉及教师的工作绩效和表现。^③ 芬兰通过《2016—2019 年教育评价计划》阐明了"促进导向"的教师督查和评价。鉴于社会公众高度信任和尊重教师，教育行政部门不会专门评价教师。中小学教学质量不依靠学校督查全国性的考试来实现，国家不会依据学生成绩或其他指标对教师进行评价，教学质量考查主要依靠学校自主评价来实现。^④ 澳大利亚教育、幼儿发展和青年事务部长理事会（Ministerial Council for Education, Early Childhood Development and Youth Affairs，MCEECDYA）2010 年底委托澳大利亚教学与校务指导协会（Australian

---

① NCEE. Singapore: Teachers and Principals [EB/OL]. (2021-03-02) [2022-05-21]. https://ncee.org/country/singapore.

② Ofsted. The education inspection framework [R]. London, 2019: 9-11.

③ National Council on Teacher Quality. 2017 State Teacher Policy Yearbook: National summary [R]. NCTQ Project Team, Washington: 2017: 75-96.

④ OECD. Education Policy Outlook: Finland [R]. 2020: 16.

Institute for Teaching and School Leadership, AITSL）修订完善《澳大利亚国家教师专业标准》，2011 年在此基础上研制了新的国家教师专业标准，2018 年又对该标准进行了修订[①]，旨在推动教师利用该标准不断改进教育教学，积极自主评估自身专业学习和发展程度，开展自我反思和评价。新西兰教育部、新西兰教育联合会（New Zealand Educational Institute，NZEI）和后小学教育阶段教师协会（Post Primary Teachers' Association，PPTA）2019 年在共同达成的"协议"（Accord between the Ministry of Education, NZEI and PPTA）中明确，未来教师评价改革应重视公众参与。[②] 2020 年，新西兰《教育与培训法（2020 年）》（*Education and Training Act 2020*）删除了教师绩效评价中的问责和程序性审核等规定。[③] 此后中小学教师评价改革全面展开，主要涉及对教师评价的目的、标准和方式等方面的改革。

受某些发达国家的中小学教师评价法规和政策规制的启发，我国要在现有中小学教师评价法规政策基础上，对其进行不断完善。比较而言，法律比政策更有强制力。所以，健全教师评价制度应首先完善法律法规，确保其权威性和执行力。有关法律法规要尽可能对教师评价做出系统规制，明确界定教师评价的性质和法律地位，系统规定教师评价的主体、内容、方式、程序、反馈、监督、保障等，构建法治化的教师评价体系。然后，据此制定系统性、指导性、规范性的部门规章和政策文件，使教师评价有法可依、有章可循。要梳理、吸收、改革某些教育综

---

① NSW Education Standards Authority. Australian Professional Standards for Teachers [S]. 2018: 2.

② Ministry of Education. Accord between the Ministry of Education, NZEI and PPTA [R]. 2019: 2.

③ New Zealand Government. Education and Training Act 2020 [S]. 2020: 105-107.

合政策或专项教师政策中有关教师评价的规定，着力制定专门的教师评价政策文件，全面、系统地规定教师评价的不同层面和环节，形成教师评价的体系化政策。

（二）增强教师评价法规政策的前瞻性和可操作性

当前，大多国家的中小学教师评价正朝着促进教师专业发展和教师与学校融合等趋势发展。然而，我国的教师评价法律法规整体上确立的还主要是融考核与奖惩为一体的奖惩性教师评价机制；有关政策也有待转变那种基于"能力和业绩"的奖惩式、结果性导向的教师评价制度机制，向着"以评促改"的教师评价方向进行完善。同时，教师评价法规和政策整体上显得笼统、概括性较强，可操作性有待加强。

完善中小学教师评价制度，从立法和政策层面朝着"以评促改"的方向迈进，并细化教师评价法规和政策以加强其可操作性，有助于促进教师的专业发展和提高学校的教育质量。

当前，发达国家的中小学教师评价法规政策趋于在对教师进行绩效奖励的同时促进教师专业发展。韩国的中小学教师评价方案《全国中小学教师评价制度》明确教师评价的反馈、诊断等功能以及教育教学评价指标等。新加坡实行中小学教师分层分类评价制度，以期教师能按其专业发展能力和兴趣明确自身的工作目标和方向。21世纪以来，美国从联邦到各州在大力推广基于学生成绩的教师评价体系的同时，尝试将基于学生成绩的绩效评价与推动教师专业发展的表现性评价紧密结合。

我国的中小学教师评价要从法规和政策层面建立前瞻性的教师评价机制。教师评价的有关法律法规要根据教师专业发展和教师与学校融合等现代教师评价未来趋势确立教师评价制度。有关政策要立足"以评促改"的教师评价趋势进行完善，明确教师评价的独立价值，全面明确教师评价的不同环节。同时，教师评价法规政策要强化对教师的指导作用，增强可操作性。有关法律法规要对教师评价的目标、内容、主体、结果运用、监督保障等进行可操作性的规制。教师评价有关政策要加强系统化、细致化。比如，师德评价方面，在明确师德"红线"具体内容标准的同时，对其他违反师德的行为要予以明确规范；教师绩效评价和职称评审要规定评价细则，细化评价内容、程序、工具等，教师绩效评价还要制定教师的差异化评价规则；教师荣誉表彰要建立分层分类表彰体系，同时细化教师评选的内容、标准、程序等。特级教师评价内容要细化可操作性表述，尤其是特级教师在教学反思、指导青年教师学习、家校协作、发展教师学习共同体等方面的内容。

二、健全教师评价制度机制

当前，中小学教师评价缺乏专门的教师评价机构和人员，无法有效开展常态化评价。要建立专门的教师评价机构，统筹教师评价的各个环节。同时，教师评价机制不够完善，有些环节缺失。要建立系统化和差别化的教师评价体系，优化和有效衔接教师评价各环节。

（一）设立专门的教师评价机构

当前，中小学教师评价缺乏统筹协调，没有专门的教师评价机构和人员，无法开展常态化的评价工作，有些评价人员还缺乏评价资质，难以开展权威性、专业性的教师评价；同时，缺乏专门的教师评价基金作为开展教师评价的有效保障。

建立专门的教师评价机构，统筹协调教师评价的各个环节，对于明确教师评价机构和人员的权利和职责，开展常态化、专业性的教师评价工作，具有重要意义。

针对教师评价的多层、重叠管理、缺乏协调等问题，为统筹教师评价，基于我国教师评价体制的特点，可由国家教育行政部门出台中小学教师评价体系指导意见，然后由各省份根据本地实际制订省级中小学教师评价体系方案落实办法。构建国家和省级两个层级的教师评价体制机制，分别设立全国和省级教师评价机构，吸纳教育学、心理学、管理学以及高校和中小学管理者等不同领域的人员，明确其职责，并针对不同教师类型提出差异化的教师评价指导细则，明确规定教师评价机构的目标、组织机构、内容、有关机构和人员的权利和责任、实施办法、监督、保障等。

省级教师评价机构要承担教师评价日常职责，组织当地教育专家学者、中小学和教师进行统一协调，协商统筹，责权明确。具体职责包括：组织教师评价利益各方共同研究制订不同类型的教师评价目标和实施方案，统筹协调教师评价各个环节；协调相关各方，发挥各方优势，形成分工协作的教师评价各环节实施网络。为保障教师评价机构的正常运行，要加大教师评价资金投入，设立教师评价机构专项基金，用于教师评价工作，如教师评价的规划与管理、教师评价工具开发、专业培训、专门调查、监督保障等。

为确保教师评价的专业性、科学性，各中小学可尝试成立由学校管理者、教师代表、学生及其家长代表、教师评价专家等共同组成的教师评价小组，由常设成员和临时成员组成。常设成员主要是教师评价核心人员，包括学校分管领导、教务长、教研组长和教师代表，他们根据学校和教师的发展需要研究确立教师评价的目标、方案、成员、实施办法等。对教师评价核心成员，要加强教师评价专业培训，使之能够把握评价目标和标准并据其解释教育教学活动，进行教师评价指导反馈并提出可操作的建设性改进建议。

（二）完善教师评价机制

当前，中小学教师评价机制尚不完善，评价目标、评价主体、评价内容、评价方法以及评价结果运用等方面不够系统，有些评价环节缺失或流于形式，如教师主体参与不够，教师评价过程缺少监督，教师评价结果反馈信息少；同时，教师评价未能有效融合教师与学校共同发展目标，不同类型的教师评价内容等不够衔接。

构建体系化的中小学教师评价机制，有效融合教师发展和学校发展，建立兼备系统化和差别化的教师评价体系，优化和有机衔接教师评价的目标、主体、内容、方法程序、结果反馈等环节，对于促进教师评价改革、推动教师和学校共同发展具有现实意义。

各地教育行政部门和中小学应基于本地和本校的实际情况，着力构建体系化的中小学教师评价机制。

首先，要统筹规划和明确教师评价的目标、主体、内容、方法程序、结果反馈等各个环节，构建体系化的教师评价机制。要充分调研和了解教师的主观感受和客观需求，将学校发展战略目标和教师整体发展、个性发展目标有效结合，推动教师和学校的双赢；充分考虑教师评价利益各方的诉求，构建多元化的教师评价主体，尤其是确保教师在评价过程中的充分参与；增强教师评价标准的透明度、人文性、差别化、可操作性，客观、科学、公开、差异化地确定不同岗位教师评价的特色化内容、方法、程序；加强教师评价的指导反馈，推进教师教育教学素质的提升。为避免重叠评价，各地教育督导、监测等部门要与其他有关教师评价部门统筹教师评价工作，防止加重教师负担。

其次，要加强教师评价各环节的有效衔接，确保教师评价的有效运行。教师评价的目标、主体、内容、方法程序、结果反馈等各个环节要前后衔接，形成有机结合的统一整体。将不同类型的教师评价，如教师定期考核、职称评审、评优表彰，在各个评价环节上尤其是在评价内容上，进行区分、衔接，整合成既有共性又有侧重的教师评价体系。比如，教师的绩效评价要着重评价教师的教育教学业绩和成效、教学改进情况、专业素养提升情况等；教师职称评审着重评价教师的师德和综合学术素质能力，要避免过于关注教师的年度绩效，同时评审中各类获奖和荣誉证书须由区县级以上教育行政部门授予或认定，创新性的教学科研成果要提供有关佐证材料或由教育教研部门开具推广效果证明；教师的评优表彰要统筹规划各类教师荣誉，形成以中央政府主导，各省市协同互补的教师荣誉制度体系，并建立公正、透明、可操作性的评审机制，保证多元评价主体参与，规范评选标准和程序，分层分类开展教师荣誉表彰以体现对教师工作的全面重视和鼓励。

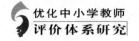
第三节　加强教师评价体系研究

一、优化教师评价体系研究

当前，我国学者在中小学教师评价体系研究、定量研究、核心素养融入教师评价的研究以及国外研究合理引介等方面尚存问题。为此，要加强这些方面的研究，用这些方面的创新性研究成果引领和指导教师评价的实践和运用。

（一）加强教师评价体系研究

我国学者对中小学教师评价的研究，包括对国外教师评价的研究，缺乏系统性、体系化的研究，仅侧重研究教师评价体系的某一侧面或环节，如教师评价的功能目标、指标体系、主体、方法工具、结果反馈、启示和借鉴等。

加强对中小学教师评价体系的研究，从理论上构建涵盖教师评价目标、主体、内容、方法、结果反馈等的完备教师评价体系，对于完善中小学教师评价理论体系，引领和指导教师评价法规政策的完善和教师评价的实践运用，具有重要的现实意义。

为此，我国学者要在对中小学教师评价的某些环节和侧面已有研究基础上，着眼于中小学教师评价的整体系统，开展体系化的研究。对于国外中小学教师评价的研究，要审思其法规政策趋向和理论研究进展对我国的借鉴意义，并在引介国外中小学教师评价内容标准、指标体系、方法模式等的基础上，思考如何受国外经验和做法的启发，基于中国国情和教师队伍发展状况，构建中国特色的中小学教师评价体系。

在研究过程中，要注重分析中小学教师评价体系的应然状态和实然状态间的差距，剖析教师评价法规政策本身的有待完善之处、当前法规政策落实过程中所存在的现实问题与影响因素，重视教师评价利益相关者的各种合理诉求，为构建本土化的中小学评价体系夯实理论根基和寻求现实依据。

在完善中小学教师评价体系的理论研究过程中，要全面研究教师评价的原则、主体、内容、方法工具、结果运用等，构建教师评价体系的理论框架。教师评价的原则，要坚持立德树人，引导确立科学的教师评价目标，保证教师评价的正确方向；坚持问题导向，针对社会关注和教师关切的问题，推进教师评价改革；坚持科学、有效，完善结果评价和综合评价，探究增值评价，利用人工智能提高教师评价的专业性和科学性；坚持统筹兼顾，根据处于不同任教学段和专业发展阶段的教师以及拥有不同兴趣专长的教师的特点，分类设计教师评价体系；坚持中国特色，融通中外；坚持定性评价方法与定量评价方法相结合、奖惩性评价方法与发展性评价方法相结合，以及统一评价方法与差异评价方法相结合。教师评价主体层面，要强化教师的评价主体地位，坚持多元主体评价，教学管理人员、教师的同事同行、教育专家、学生、家长等共同参与评价。教师评价内容，要破"五唯"教育和教师评价顽疾，创新教师评价内容和标准，使之涵盖教师的核心素养、权利职责、教学绩效、差异化专业发展过程等；根据不同的教师评价类型，确立针对性、差别化的评价内容标准。教师评价方法，要优化教师评价的定性、定量方法，注重研制发展性教师评价方法，如课堂观察、面谈、教师成长档案袋、实物或资料展示等，并研制多种教师评价工具，采用多元工具开展教师评价。教师评价结果运用，要强化教师评价的指导和激励功能，基于教师发展的规律性和阶段性，通过分类、分层、分科评价形成个性化、差异化的教师评价结果；强调教师评价的诊断和反馈，研制教师评价指导反馈方案，帮助教师反思不足、改进教学。

（二）优化教师评价实证研究

当前，大多中小学教师评价研究侧重教师评价的理念、目标阐释或内容指标、方法工具等的设计，但缺乏实证研究的检验和论证。近年来，有学者开展了一些实证研究探索，但整体上实证研究不足，而且实证研究样本量小，研究范围较窄，研究结论普适性不强。

加强中小学教师评价的实证研究，尤其是针对教师评价内容指标、方法工具等进行样本量充足、覆盖范围适当的实证研究，对于强化中小学教师评价体系研究成果的客观性、科学性、可行性、可操作性，具有重要意义。

首先，要对当前中小学教师评价法规政策本身的问题、贯彻落实的现状、存在的现实问题和影响因素，通过访谈、问卷调查等实证研究方法开展研究，以期为完善教师评价政策提供可靠依据。

其次，要对国外中小学教师评价的内容标准、指标体系、方法模式等，在介绍、阐释、思辨的同时，结合我国国情和教师评价状况，设计访谈提纲和调查问卷等进行实证研究，为构建中国特色的中小学教师评价体系提供实证支撑。

再次，要对我国中小学教师评价实践本身的状况、问题、影响因素等，开展实证研究，结合理论研究发现，弄清中小学教师评价体系的实然状态和应然状态，为解决教师评价现实问题提供实证支持。

最后，要开展教师评价技术研究，通过评价技术升级更有效支持教师评价结论的信度、效度和指导功能。尤其要注重研发教师评价标准与工具，以期用科学的评价手段引领教师专业成长；注重研究有关教师评价的数据采集分析技术，从多维度分析监测教师评价数据，以助力研究教师评价对学校治理和教师发展的影响，形成信度和效度较高和指导性较强的教师评价结论与指导反馈意见，为教师的专业发展和教育质量的提高提供科学的依据。

（三）深化核心素养融入教师评价的研究

当前，中小学教师评价研究很少涉及教师核心素养的融入，为数不多的研究也未探讨核心素养融入教师评价的指标和路径等。有学者提出教师核心素养融入教师评价的理念或思路，但失之笼统，缺乏可操作性。

深入研究核心素养融入教师评价，对于新时代条件下改革教师评价内容，推动教师素质能力的提高，从而推动学生核心素养的培养，提高人才培养质量，具有积极意义。

美国、英国和日本等发达国家着眼于发展学生的核心素养，都将核心素养融入教师专业标准和评价指标体系。美国 2002 年开启 21 世纪学生核心素养的研究项目，发现学生核心素养主要体现于学生学习结果和世纪主题两个方面，前者涉及学习和创新，信息、媒介和技术，以及生活与职业等方面的素养，后者则涉及全球意识、公民、理财、健康、环保等素养。[①] 2008 年"全美专业教学标准委员会"研制的教师评价指标体系契合并适当超越学生核心素养，侧重基于学生在态度、信念、能力、学业、公民责任感等方面的进步情况评价教师。同时，要求教师充当批判性自我反思的榜样，批判性审视自身教学实践；善于创新，拓展专业技能，开展合作交流改善学生学习。2003 年英国发布的《21 世纪核心素养——实现潜力》提出，学生核心素养包括交流、信息技术运用、合作、自我规划、问题解决技能等。2007 年英国学校培训和发展公司（TDA）发布了教师专业评价标准，基于教师的专业素质、专业知识与理解以及专业技能等核心维度，根据教师专业发展的阶段性差异，面向合格、普通、资深、优秀和专家教师，分别制定金字塔式专业评价标准，比如在团队合作方面，资深教师要促进合作，优秀教师要辐射带动，专家教师要战略引导。同时，专业评价标准与学生核心素养紧密关联，如倡导教师与同事、学生和学生家长开展有效交流，运用读写、信息技术开展教学，利用观察、评价、记录等方式诊断学生需要，引领学生反思自身学习等。[②] 日本教育改革始终以培养学生"生存能力"为主要目标，2009 年启动了教育课程编制基础研究项目，旨在培养学生的 21 世纪生存能力，即所谓核心素养，主要包括基础、思维、实践能力，其中思维能力涉及发现与解决问题、创造性思维、逻辑思维、批判性思维

---

① 桑国元. 国外 21 世纪学生发展核心素养的讨论及启示 [J]. 教育科学研究, 2016 (12)：62-63.
② 孙河川. 教师评价指标体系的国际比较研究 [M]. 北京：商务印书馆, 2011：64-80.

等能力，基础能力涉及通过熟练运用语言、数字、信息等实现目标的技能，实践能力涉及在生活中发现和解决问题的能力，包含生涯规划、有效交流、伦理道德等能力。[①] 2007 年日本中央教育审议会出台了 21 世纪教师评价指标体系，关注教师的指导、判断、适应、策划、分析问题等素质能力评价，还要求教师具有全球视野及付诸行动的素质能力，树立社会和集体规范意识，具备解决问题、人际交往、适应社会变化的知识与技能等。

我国的中小学教师专业标准，作为教师评价内容和标准的重要参照，先于学生核心素养出台，与学生核心素养既有衔接又有脱节。教师专业标准非常重视教师在学生自主发展方面的引导作用，要求教师信任学生并积极创造条件促进学生的自主发展，培养学生良好的思维习惯和适应社会的能力；在学生的人文和科学素养培养方面，教师要有相应的自然和人文社会科学知识以及艺术欣赏知识，支持和鼓励教师激发学生的求知欲与好奇心，培养学生的学习兴趣，营造自由探索和勇于创新的氛围，激励学生独立思考，发展学生的创新能力。同时，我国教师评价非常重视教师的沟通合作能力，要求教师具备团队合作精神，与学生、同事、家长及社区等积极开展沟通合作，共同促进学生发展。但教师评价内容与学生核心素养也有一定脱节，不太注重教师在培养学生的国际理解和问题解决等方面的作用和责任。

为此，教师评价研究可适当借鉴国外做法，针对学生核心素养的发展，探究教师评价改革，使教师素质提升与学生发展相契合，并在教师

---

① 林崇德.21 世纪学生发展核心素养研究[M].北京：北京师范大学出版社，2016：102-103.

评价理念上适度超越学生核心素养，确保教师评价体系与时俱进，保持旺盛的生命力。要研究如何通过完善教师评价体系引导教师确立"教育要发展学生适应终身发展和社会发展需要的必备品格和关键能力"的专业思想，将其融入教师的专业行为；研究教师如何处理学生必备品格与关键能力之间的关系，如何根据发展学生核心素养的要求培养相应的教师教育教学核心素养，如坚持理想信念、爱国情怀、人本思想、法治意识，提高师德修养，强化责任担当、健康情感、奋斗精神，同时在教育教学中发展学生的交流合作、信息素养、自我规划、独立思考、批判性思维和问题解决等能力，以及如何对这些核心素养进行不同层级的描述性规定，将其融入教师评价指标体系，以彰显教师在落实学生核心素养方面的重要作用。

为评价教师如何在教育教学中基于自身的核心素养培养、发展学生的核心素养，需要引导教师持续发展自身的专业品质，如保持思维的动态性和创造性，把学科知识综合运用于解决真实的、新出现的社会问题；爱国家、爱教育、爱学生，培养团队合作精神；坚持终身学习，发展活跃、积极的性格。[①] 在具体评价教师核心素养过程中，要注重在教师的教育教学过程中考察和评价教师在教学设计、教学管理、师生交流等方面的具体表现。比如，教师的教学设计是否涉及适切的教学情境，驱动性、创新性、综合性问题，以及相应的学生探索和实践活动，引导学生思考和解决身边真实的社会问题，培养科学和人文精神，促进学生正确价值观、人生观和世界观的形成；教学管理和师生交流是否注重正确评价学生的进步以

---

① 姜月.基于培养学生核心素养的教师专业发展[J].教育导刊，2016（11）：59-61.

增强学生自信心，引导学生通过跨学科的综合观察和思考来探究和建构新知，创建教师与学生之间的协作交流机会，激发学生的探究兴趣，引导学生形成良好的科学素养、协作精神、创新思维等综合素养。

（四）适当借鉴国外研究成果

当前，我国学者对国外中小学教师评价的研究大多涉及引介国外教师评价的理念、主体、内容、方法模式等，缺乏对国外教师评价的背景、过程、效果等的理性考察和评析，缺乏基于本土国情和教情的考量。

理性吸收和借鉴国外中小学教师评价的研究成果，对完善我国中小学教师评价理论，健全我国教师评价法规政策，创新和优化我国教师评价体系，推动我国教师评价实践，具有现实意义。

鉴此，我们应在介绍、诠释国外尤其是美国、英国、新加坡、韩国和日本等发达国家的中小学教师评价理论、法规、政策和实践的演进和发展状况的同时，对照我国的国情、教师发展特征和现状、中小学教师评价发展和实践状况，进行理性的、系统的思考和研究分析，通过加强本土实证研究，理性地、批判地吸收借鉴国外的教师评价体系的理论和实践成果，摒弃不适合我国教师评价实践的国外教师评价经验做法，丰富和拓展本土化的教师评价内容方法等，形成本土化的、中国特色的中小学教师评价体系，有效推动我国的中小学教师评价体系改革。

二、建构教师评价体系模型

当前，我国学者对中小学教师评价缺乏体系化的研究，仅侧重研究教师评价体系的某一侧面。有关中小学教师评价的模型设计，自然仅针对教师评价体系的某一或某些侧面。

系统研究和创建中小学教师评价体系，并建构相应的教师评价体系模型，有助于理清教师评价体系内部组成部分之间的逻辑关系，优化教师评价有关环节，直观化、可视化、形象化地显示教师评价的体系轮廓，构建科学的教师评价体系，助推教师评价体系实践。

建构中小学教师评价体系模型，要遵循一定的设计原则，以保障其科学性和可行性。一是科学性原则。教师评价体系模型的设计要有正确的教师评价理念和理论的支撑，各个教师评价环节和维度要界定明确清晰，反映教师专业发展的过程轨迹和结果反馈。二是完整性原则。教师评价体系模型要涵盖教师评价体系的一系列环节，如教师评价的目标、主体、内容、方法、过程、结果反馈等；每个环节要有相对独立性，对教师教育教学具有相对独立的诊断、评价和指导功能，各个环节又互为补充、紧密衔接，体现内在逻辑的一致性。三是操作性原则。教师评价体系模型中的各个环节应具有可描述性、可测性和可操作性，能获得教师的正确理解和普遍认可，用以有效评价教师的工作和成效。四是差别性原则。教师评价体系模型要既能在不同教师之间横向比较，也能对不同岗位或学科、不同兴趣爱好和不同发展阶段的教师进行比较，从而体现教师评价的整体性和差异化。

（一）建构教师评价体系整体性模型

中小学教师评价体系的整体性模型，涉及教师评价的目标、主体、内容、方法、结果反馈等环节。

本研究在研制该评价模型过程中，基于教师评价模型的设计原则，在充分调研基础上，细致考虑了以下几点：各评价环节前后衔接，形成有机结合的统一整体，确保教师评价的有效运行；根据教师评价目标，由各个教师评价主体落实教师评价内容并遵循适切的教师评价方法；有的教师评价属于不同类型，如定期（年度绩效）评价、职称评审、荣誉表彰，其具体评价目标、主体、内容、方法、结果反馈各有侧重、各不相同；整个教师评价的实施体现过程性和结果性相结合，教师评价目标实现的程度和成效，教师评价主体遇到的问题和提出的建议，教师评价内容的执行情况和存在的问题，教师评价方法工具使用过程中所遇到的问题，都会由教师评价有关人员进行过程性反馈和指导，最终呈现教师评价结果。（见图 4.1）

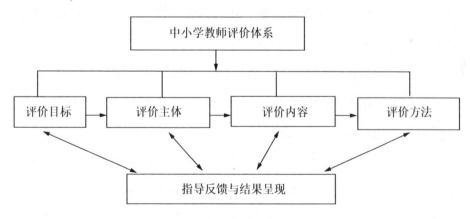

图 4.1　整体性教师评价体系模型图

（二）建构教师评价体系差异化模型

为体现教师评价的差异化，开展差异化教师评价，要处理好一般性教师评价与差别性教师评价以及教师个性发展与学校特色发展之间的关系，使整体教师评价体系兼有共性和特殊性，能在与教师有效沟通基础上定期更新、动态调整。要基于教师个体发展规划，结合区域教育和学校发展目标，与教师共商确立教师评价体系，指导教师发展，建立周期性的长效评价机制。要根据不同教师的差异化评价内容，选择灵活多样的评价方法工具和程序，多渠道收集信息，开展教师评价。

对于不同潜能兴趣的教师，要结合学校发展规划，为教师设计多种职业发展通道，比如教学岗、专家岗或管理岗，引导教师基于自身潜能、兴趣和专业特长实现个性化、专业化自主发展，并针对不同职位和岗位开展教师评价，设立不同类型的荣誉表彰称号，激发教师职业发展内驱力。

对于选择教学岗的教师，要从横向的学科岗位和纵向的专业发展阶段出发，统筹规划设计教师评价体系。

对于不同学科岗位的教师，如音乐教师和数学教师，教师的教育教学行为和工作绩效等教师评价内容各不相同、差距较大，可比性较差，因而应分别确定各自的教师评价环节，尤其是教师评价内容。可由各学科专家、资深教师制定评价标准，形成学科类教师评价体系。为促进不同学科教师的专业发展，教师评价管理者应指导不同学科教师参加师德和相应学科业务培训、参与学科学术组织和面向不同发展阶段教师的学科课程研修，支持提升不同学科教师进修专业学位，以提升教师学科教学素养。

对于不同发展阶段的教师，在根据其不同学科岗位设置横向的学科类教师评价体系的基础上，还应同时根据不同学科任课教师的各自专业发展阶段，设置纵向的针对不同发展阶段教师的评价体系，尤其要在评价内容方面有所区别，充分考虑和兼顾教师所在的不同岗位职责和教师不同发展阶段的目标任务和工作量等。新加坡针对教师的兴趣、特长、潜能，为中小学教师设置了教学、专家、领导的发展通道。受此思路的启发，我国的中小学也可以充分关照学校教师的兴趣、特长和发展潜力，为教师设置多种发展通道。但考虑到我国大多数中小学在编教师主要担任教学任务，学校的领导职位有限，因而我国的中小学可在主要设置教学岗并明确不同发展阶段教师的教学岗位目标与职责的基础上，适当考虑设置一定数量的专家岗以期鼓励和支持富有教学经验和教学成效及科研成果的教学专家指导其他教师专业成长和引领教学科研，同时围绕学校的教育教学管理目标任务和各种日常细微管理工作，设置数量适当的管理岗，让富有管理兴趣特长的教师专职或兼职从事学校管理岗位工作，但兼职从事管理岗位工作的教师在教学目标任务和工作量等的评价方面要区别于专门从事教学岗位和专门从事管理岗位的教师的目标任务和工作量评价。具体说来，在教学岗层面，可针对教师的不同专业发展阶段设置初任教师、熟练教师、卓越教师等教学岗位，明确与其发展阶段相适应的发展目标和教育教学职责与任务，确立相应的评价内容。对于初任教师，主要评价其教学与管理常规和基本工作量等工作绩效；对于熟练教师，主要评价其专业水平和教育教学能力，如教学技能、教学业绩（学生增值成绩，工作量，科研成果等），对学生的学习诊断与指导、师生关系和育人表现，教育反思，教学方法创新等；对于卓越教师，除了评价其教学业绩（学生增值成绩，工作量，科研成果等）外，主要评价其教育实践改革，高效创新教学方法，教育教学实践模式构建，学校特色课程研发等。在专家岗层面，为富有教学经验和教学成效及科研成果的教学专家专家教师设立专家（名师）工作室，主要评价其教育教学理论构建，教育科研引领，教育课题主持或科研课题指导等。在教师评价方法方面，除传统的定量评价方法外，还要根据不同的教师评价环节，适当采用档案袋评价、课堂观察等定性教师评价方法。在管理岗层面，要明确从事学校管理工作的人员所应具体从事的学校管理工作范围和具体工作任务、职责以及工作成效等级等，并据此开展评价。（见图 4.2）

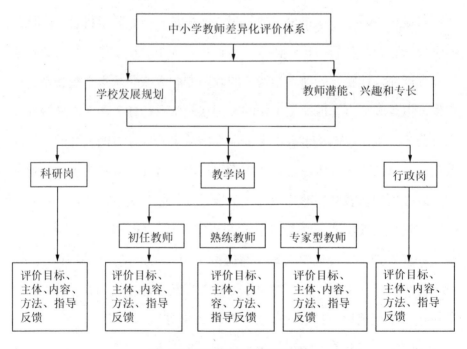

图 4.2　差异化教师评价模型图

北京市教师评价体系，大致与以上教师评价体系相同，但要有自身特色。基于本研究调研，教师评价内容可有所不同，基于首都教育发展的更高要求，可更强调课堂教学创新、科研成果、对学生的过程性指导等。

第四节　强化教师评价体系实践运用

一、优化教师评价主体，构建教师评价共同体

目前，我国中小学教师评价实践过程中，评价主体较为单一，以评价管理组织者自上而下开展教师评价工作为主，其他评价主体的形式化较浓，没有真正发挥评价主体作用。

教师评价主体的多元化体现了教师评价的民主性趋势，彰显了教师在评价中的主体地位，有助于推动教师积极参与教师评价，并从中反思教育教学活动从而提高教育质量；有助于多元教师评价主体从多个视角收集教师评价的过程和结果信息，从多个侧面帮助教师发现、改正教育教学问题，从而助力教师专业发展，同时有利于消除教师与其他评价者间的对立情绪，使其自觉接受评价结果，据其主动提升专业发展水平。

发达国家的教师评价主体趋于由单一化评价主体转向多元化评价主体。韩国将学生、家长、教师同事、校长都纳入中小学教师评价主体，

形成 360 度反馈评价主体群；校长带领教师同行，借助课堂观察对教师的教学实践进行评价，学生及其家长也通过问卷调查等方式参与教师评价，为教师专业发展提供指导建议。①、日本东京都在中小学教师评价过程中，由教师与校长和教导主任通过面谈确定教师的教学目标方向；考核期结束后，教师基于完成目标程度进行自我评价；教导主任评估后，由校长根据课堂观察的情况对教师进行最终评估和等级评定。② 新加坡的中小学教师在学年初始与考评管理者协商制订年度工作计划和阶段性目标；考评管理者在年中检查阶段通过不打招呼听课、抽查教师的教案等方式了解教师的工作表现，年中由校长主持评议教师的工作表现并及时向教师反馈评价结果以便于教师及时改进工作；年终由考评管理者对教师考评汇总和确定等级，由副校长或校长填写鉴定表格，与参评教师沟通后明确参评教师未来努力方向。③ 英国的中小学教师绩效管理评价中，教师小组长与教师定期研讨，支持教师从提升学校教学质量出发主动参与学校绩效管理。④ 美国早在 2013 年 4 月就由联邦政府公布"尊敬教师专业政策蓝图"，提出建立"多元教师评价机制"平台，强化共享责任，创造校长和教师共担责任和共同成长的教师评价共同体。⑤ 某些州的教师评价由学区专家、教师和校长等参与，教师评价通常分为三部

---

① Kim, K. S. & Kim, E. K. The Results of 2011 Teacher Evaluations [R]. Seoul: Korean Educational Development Institute, 2012: 41.

② 贾文婷. 日本：问题倒逼制度转换——国外中小学教师评价体系扫描 [N]. 人民日报，2015-10-04 (05).

③ 新加坡使馆教育处. 新加坡"不一样"的教师绩效管理 [J]. 人民教育，2015 (8): 69-70.

④ Ofsted. The education inspection framework [R]. London, 2019: 9-11.

⑤ U.S. Department of Education. A Blueprint for RESPECT [EB/OL]. (2013-04-15) [2021-10-20]. https://www2.ed.gov/documents/respect/blueprint-for-respect.pdf.

分，即学区专家的听课、教师的自我评价，以及校长对教师的评价。[①]
在哥伦比亚公立学区教师的教学能力评价过程中，教师需接受学校管理
层和校外专家基于课堂观察、访谈进行的教学能力观察，然后他们与教
师面谈和研讨教学改进措施。[②] 芬兰的中小学教师评价主要通过教师自
评和校长等与教师研讨来实现，校长按教育教学常规对教师进行课堂观
察并与教师开展交流，提出教学改进建议，并与教师定期对话，还要听
取学生家长、地方政府和民众、社区等不同方面的建议。[③] 澳大利亚的
中小学教师专业标准要求不同专业发展阶段的教师与其同事同行、学生
家长、社区人员等开展有效的合作，持续改进教师的教育教学工作。[④]
新西兰的中小学教师评价制度注重多元主体共同协商决策，调动教师评
价利益相关者充分参与教师评价政策方案的制订和实施过程；新西兰教
学委员会与其他利益相关者商讨设计了"教师专业成长周期"，强调在促
进教师专业发展过程中交流合作的重要性，关注教师在专业学习过程中
与同事和评价者的深度对话与合作，促进教师真实的合作学习。[⑤]

　　我国教师评价政策已明确了教师多元主体评价，但实践中仍有学
校侧重单一的管理者评价。可适当借鉴国外经验做法，优化教师评价主

---

① 汤新华. 美国的教师评价制度：多元评价——以得克萨斯州拉斯弗瑞斯诺斯学区为例 [J]. 中
小学管理，2009 (9): 53-55.

② District of Columbia Public Schools. The District of Columbia Public Schools Effectiveness
Assessment System for School-Based Personnel [R]. Washington: 2018-2019: 3-54.

③ [芬兰] 文德 (Fred Dervin). 破解神话：还原真实的芬兰教育 [M]. 刘敏，姚苇依，译. 北京：
教育科学出版社，2019：22-23.

④ NSW Education Standards Authority. Australian Professional Standards for Teachers [S]. 2018: 6-7.

⑤ Timperley H, Wilson A, Barrar H, Fung. Teacher professional learning and development: best
evidence synthesis iteration [R]. New Zealand: Ministry of Education, 2007: 6, 9.

体，将教师评价多元化落到实处，防止其效率不高或流于形式。要整合教师评价力量和资源，充分发挥各方优势，建立教师评价共同体，构建教师评价利益相关各方共同参与的外部评价机制。

（一）开展教师多元主体评价

各级教育行政部门要注重开展中小学教师多元主体评价，指导和支持中小学建立适应本校的教师多元主体评价机制，客观、科学评价教师。同时，要加强教师评价专业化队伍建设，依托高校、教育教研科研部门等建立教师专业评价专家库，建立一支拥有先进的评价理念、掌握现代化的评价技术方法、专兼职相结合的教师评价专业化队伍，指导中小学的教师评价实践工作。

中小学在教师评价实践中要注重强化各评价主体的专业资质。参与教师评价的管理者、教师同行和教育教学专家需接受教师评价培训，全面把握教师评价的理念、政策、标准、程序、方法工具、信息采集方式、指导反馈方法等，以及课堂管理、师生关系、教学方法等相关理论和技能，通过特定考核并取得资格证者才可实施教师评价，以期开展科学的教师评价。

中小学根据学校具体情况，可以组织成立教师评价小组。教师评价小组成员中除学校管理者和校外专家、学生和家长外，还包括一支专职的教师评价队伍，充任参评教师的指导者、帮助者和评价者。他们一般应有 5 年以上教学经验，经观察、评价、教学成果审查以及教师同行和学校管理者建议等程序从任课教师中选拔后需接受专门评价培训，然后接受全职聘任，每人负责评价大约 10 名教师，服务期限两年到三年，之后返回教学岗位，除享受正常工资待遇外，还享受专项教师评价津贴。他们通过与教师面谈及微信、电子邮件等网络方式指导参评教师，在教师评价小组尤其是学校管理者协调下与参评教师共同制订教师评价目标和方案，并随时通过"推门听课"进行课堂观察，了解教师的教学管理、知识技能、专业责任、教学方法等，据此提供针对性教学改进建议；与参评教师开展合作备课、为参评教师示范课程教学、向参评教师提供教学资源，组织参评教师开展创新教学和教研；在与教师平等协商对话基础上，撰写教师年度评价报告提交教师评价小组审核，该报告中要提出教师评价结果和可操作性的书面反馈意见，以便于指导教师在教育教学中认识不足和反思改进。学校专职评价人员专职开展教师评价工作，不再从事教育教学等事务，有利于增强参评教师专业发展和教师评价的密切联系，使评价者与参评教师在学科教学、专业发展等方面互相促进，避免出现外行评价内行的现象，还会促进专业性的教学文化建设和增强对教师同行的评价赋权，推进教师通过教师评价获得更大专业发展。学校专职评价人员返回教学或管理岗位后，将会进一步促进自身专业化教学；他们还会助力变革学校治理样态，改进教师评价文化生态，推动传统教学管理制度的变革，重新定位校长和教师对教学领导的角色和责任，从而有助于校长由权威主义领导角色转变为参与式领导角色，有利于教师转变为指导性领导的角色。[1]

中小学管理者要转变教育教学管理和教师评价观念，由居高临下的

---

[1] Donaldson, M. L., Johnson, S.M, Kirkpatrick, C, Marinell, W., Steele, J. & Szczesiul, S. Angling for Access, Bartering for Change: How Second Stage Teachers Experience Differentiated Roles in Schools [J]. Teachers College Record Teachers College Record, 2008 (5): 1114.

管理者和评判者转变为诚恳的教师发展引导者和合作者。要常态化地邀请教师座谈，带头开展自评，认真听取教师意见建议，通过匿名评价箱收集教师的评价建议，并定期公布自评结果，积极纠正不足，主动接受教师监督，由此引领教师自主参与教师评价。同时，认真研究课堂教学的目标、理念、内容、方法等，常态化地参与教师的课堂观察与研讨，推动教师的教学素质提升；组织校外教师同行和评价专家到本校以课堂观察和听课评课等方式对教师进行指导和评价；通过教师评价的结果反馈，激励和指导教师的专业发展。

中小学要注重强化教师自主评价。教师自主评价可以充分体现教师在教师评价中的主体地位。中小学要充分尊重教师的个性需求和内在发展需要，创建民主、和谐的评价氛围，赋予教师在教师评价中的参与权和知情权，引导教师与管理者共商个人专业发展规划，激励教师充分参与教师评价决策方案制订和具体实施过程，指导教师着眼于长远专业发展，树立通过教师评价促进自我发展的评价观和正确的自我评价意识，认真把握教师评价的目标、内容、方法工具、结果运用等，积极参与教师评价，主动接受他人评价，理性进行自主评价，客观审视和评判自身的教学目标、内容、方法和效果，学生的学习态度、习惯、方法、课堂参与，师生互动、课堂管理策略，以及研修、科研与团队合作等，并通过自我诊断反思和借鉴评价结果反馈建议，正视不足，积极改进，不断提升专业发展水平。

中小学要引导教师同事参与教师评价。教师与其同事通过教研组集体备课、研讨交流、听课评课、互相评价，能够互相促进、取长补短，助力教师开展理性、公正、可靠的教师评价，促进教师队伍的专业发展。通过教师互评，教师有机会研讨、展示和反省自身工作表现，分享交流工作经验，同时为同事提出改进建议，共同减缓工作压力，并提升教学素质能力。开展教师互评，评价结果也容易获得教师认同，有助于强化教师团队合作，增强教师的责任感和归属感。学校管理者要对教师互评指导方向，引导教师同事在评价过程中从欣赏和批判两个方面中肯、客观指出参评教师的优点和缺点，不为参评教师贴标签，也不避重就轻，以利于通过教师互评增强教师的集体荣誉感，并助力教师共同成长。

中小学要组织教育教学专家参与教师评价。专家拥有丰富的教育理论水平和教育教学经验，能从很大程度上冷静思考、客观评价教师的教育教学。中小学要按教师评价规划方案，组织校外教育教学专家开展教师评价，让他们通过查阅教案、座谈交流、与任教相同学科的教师开展小组分析、听取学生反馈和建议、开展随机课堂观察等为教师评价收集准确信息，对照教师评价指标体系和教师的个体发展目标，帮助和指导教师发现其在教育教学中的优势和不足，明确下一步努力方向和目标，指导和改进教师的教育教学工作。

中小学要组织学生参与教师评价。学生与教师相处时间长，对教师的教学表现有直观、深刻感受，能对教师教学进行"全程监控"，因而学生评价能提供过程性的教师教学表现信息，有较大的参考价值。它便于教师发现、反思教学不足，有针对性地提升教学质量，并有效改善师生关系。学生评价内容主要涉及教师在教学中对学生的关爱理解，教师的课堂教学吸引力，教师的课堂管理与师生互动，教师对教学内容讲解的透彻性，教师对学生创新思维和合作精神的开发，教师对学生知识技能的巩固总结等。[①] 在评价方法方面，学校可让学生匿名填写线上或线下评价量表，引导学生把握教师评价的目的、内容和方法步骤，让学生表达真实的想法。应当注意，学生有时可能受年龄、认知、经验和判断力等多种因素的影响，不能透彻理解教师的教学意图；学生尚不具备专业评价能力，往往基于自身喜好甚至对教师的某些偏见评价教师，因而对教师教学的感性评价往往多于理性评价，其评价结果与教师专业素质能力可能会产生偏差；在教师评价过程中，教师可能投学生所好而"改正"自身的教学行为，这会影响学生评价的客观性、公正性。因此，应当客观、慎重地看待学生对教师的评价，多关注和研究学生对教师课堂教学的客观描述，避免主观判断。由于学生不是教师评价的唯一主体，学生评价应与其他评价一起共同为教师评价提供完备资料。

中小学要组织学生家长参与教师评价。家长评价既是测查教师的教育教学的重要途径，也是帮助教师了解自身的工作实效、改进教育教学的必要措施，有助于促进教师反思教学、提升业务素质。中小学可借助家长开放日或开放周等活动，让家长有机会针对教师的教学素质、教学内容、教学过程、教学方法和教学效果等进行评价。具体评价方式可以是家长填写评价量表或调查问卷、教师家访、家长到校座谈或进行课堂观察等。但在教师评价过程中，要对家长进行正确引导，让家长知悉教师评价的内容与标准，避免家长与教师对评价内容理解不同而导致评价

---

① Murphy R. Testing Teachers: What Works Best for Teacher Evaluation and Appraisal [M]. London: Sutton Trust, 2013: 22.

结果不合理，影响教师吸收家长建议、改进教学。

　　北京市有些中小学在教师评价实践中，通过将多元评价主体融入教师评价，从一定程度上增强了教师评价的科学性和客观性。本研究在访谈中发现，清华附中昌平学校的教师评价有课堂听课评价，即学校管理人员和教研组听课评价。该校年轻教师较多，通过听课评价，促使教师反思总结，分析问题并及时改正，逐步提高自身素质和业务水平。每学期该校还设有一次家长开放日，支持家长通过进班听课关注教师授课和班级管理以及学生学业成长。家长从常规管理、教育教学等方面对各科教师进行评价，学校综合考虑后给家长答复反馈，教师基于家长建议主动改进家长集中反映的问题，由此推动了家校合作，使学校教育更透明。由于学生是教育过程的主体，每学期期末学校都安排学生对教师进行问卷评价，内容包括教师的课堂教学表现、所用课件教具等方面。教师通过学生评价，能静心反思教学，并与学生沟通，及时改进教育教学。期末评优时，为显示教师评价的公正性，学校开展教师互评，包括教研组内互评和校内互评，尤其是组内互评自述环节，能有效促进教师自我评价和反思以及教师之间的沟通合作。学校管理人员在这一过程中对教师的了解也更加全面，评价结果也更易被认同，也让教师对学校有较强的归属感。

　　在新高考改革背景下，北京市某些高中结合新高考政策创新教师评价思路，尝试探索学部主任和学生参与教师评价的多元主体评价。随着高中新课标、新课程的实施和新高考改革的深入推进，北京市第三十五中学在以学部制为教师评价改革支撑的基础上辅以导师制，开展教师聘任与考核。学部实行主任负责制，学部主任对教师拥有考核、评价、聘用、奖惩的权利。为鼓励和支持教师充当"做学生成长的引路人"这一角色，学校实行导师制。由首席导师（原班主任）领导整个导师团队，导师团队中的各位导师与学生进行双向选择后充当学生的心理疏导师、学业指导师和生涯规划辅导师。为了"育人有痕"，学校研发了导师线上工作平台，建立师生交流档案、学生信息档案以及家校沟通档案等各种导师常规工作界面，以实现导师与导生的线上双选和沟通交流。学校建立了线上平台监督系统，基于多个维度，如常规管理、民主评议和自我提高，开展导师评价工作，同时组织学生开展线上问卷调查，由学生评价自己的导师。[①]

（二）构建教师评价共同体

中小学要建立民主参与的学校治理模式，营造开放、尊重、和谐、民主的人际氛围，构建教师评价共同体，在赋予教师参与教师评价的知情权、决策权、参与权的同时，统筹推进学校管理者、教师、同事、专家、学生、家长等教师评价利益相关者共同参与教师评价，在教师评价规划、评价方案制订、评价实施和结果反馈等各个环节，培养他们的合作意识，激励和支持他们统筹协商，践行科学有效的教师评价，实现与学校的合作共治。

教师评价共同体要发挥教师评价的协同作用。要围绕教师评价的重大问题，深入教育教学一线，统筹开展专题调研，弄清这些问题的表现形式、背景、影响因素，提出可行性的对策建议，充分发挥教师评价共

---

① 黄鹏. 新高考背景下学校课程育人制度的重建 [J]. 北京教育（普教版），2019（5）：15-17.

同体建言献策的智库作用；同时，加强国际合作交流，拓宽视野，开阔思路，批判地吸收国外教师评价的先进理念和经验，同时在国际上讲好教师评价的中国故事，分享教师评价的中国经验和成功案例，提高中国教师评价的国际影响力和话语权。

教师评价利益相关者之间要加强沟通协作。通过建立彼此信任的关系，增强团队意识，在共同参与教师评价过程中协力拓展教育教学资源，支持教师专业发展，为整体推进教师评价改革、共同促进教师教育教学质量提升贡献智慧和力量。2013年"教学与学习国际调查"（TALIS）结果显示，加强交流合作有助于促进教师创新教学方法、提升教师工作满意度和提高教师自我效能感。教师评价利益相关者在教师评价过程中开展协商合作，从多个视角指导教师的教育教学，引导教师不断更新教育教学理念、拓展专业知识技能、改进教育教学实践，由此改善学生的学习表现和学业成就，推动学校整体发展，最终实现学校、教师、学生共同发展，从而实现评价利益各方的合作共赢。中小学校长组织和参与教师评价，助推校长由权威型领导转向参与型领导，促进与教师之间的专业对话和教师评价文化建设；在校长指导下，其他的教师评价管理者能持续积累教师评价经验并推动教师评价完善和学校发展，参评教师的同行和同事也能在参与教师评价过程中学习和借鉴参评教师的教育教学特色优势从而不断提升自身的专业素质水平，而学生和家长也能在教师评价过程中为教师教学改革创新提供有益的反馈建议，从而推动教师提高自身业务素质并由此惠及学生。由此可见，教师评价利益相关者通过协商合作，形成教师评价的合力，共同推动教师评价共同体的发展，促进教师评价的科学、有效实施。

中小学要推动学校与教师融合发展。要通过教师评价，营造协作型校园文化，从教师立场出发，在教师评价过程中对教师群体赋权增能，激发教师专业发展的内驱力；通过实行分布式领导，激发教师的专业领导力以及学校的治理活力，并将教师的专业发展与学校的战略发展紧密联系起来，推动学校与教师共同发展，促进教师发展和学校教育目标的和谐统一，最终满足社会对高质量教育的需求。[①] 为有效开展教师评价，要健全民主管理制度，在教师评价中发挥党员教师的先锋模范作用；坚持民主集中制，定期召开校务会，完善教职工（代表）大会制，将关涉教师切身利益和学校长期发展的重大教师评价事项提交学校教职工（代表）大会讨论；设置教师评价信息公告栏，实现教师评价改革方案公开化和透明化，保障教师对教师评价的知情权；构建教师评价的协商机制，认真听取教师、学生和家长等教师评价主体的建议，化解分歧。另外，要加强学校文化引领，构建团结和谐、富有特色、积极向上的学校文化，用科学的教师评价理念凝聚师生的价值追求与共同愿景；加强学校的校园美化与人文环境建设，不断增强学校的文化感染力。

北京市某些中小学注重充分发挥家长在教师评价共同体中的重要作用。在清华大学附属小学，学生家长在学校办学和教师评价过程中扮演着特殊角色，充当学校教育教学的参与者、合作者和评价者以及学校发展的贡献者。学生家长每年都参加对教师的网上评价；充分利用学生家

---

① Lieberman A., Miller L. Teacher leadership [M]. Wiley: Jossey-Bass, 2004: 12-14.

长的智慧，让校级和班级"家长委员会"参与学校的重大决策。[①]

二、优化教师评价内容，开展综合评价和差异化评价

当前，中小学教师评价过于关注教师的教学成绩等定量评价指标，有碍教师提升综合业务素养；用统一评价标准评价教师，缺乏对教师的差异化、个性化考量。为此要，优化教师评价内容，综合评价教师的师德、教学表现与工作业绩，同时基于教师个体的兴趣潜能和业务特长等开展差异化教师评价，以提升教师综合素质技能，并满足教师的差异化需求。

（一）开展教师综合评价

当前，中小学教师评价内容过于关注教师的教学成绩以及科研成果和获奖情况等业绩，淡化综合评价教师的师德、教育教学行为以及其他工作业绩。

开展教师综合评价，重视教师在培养学生的个性发明、全面发展过程中所付出的努力，综合考评教师的师德、教学表现和其他业绩，有利于引领教师的专业发展和学校的长期发展，激励教师不断提升个人综合业务素养，创新教学方法技能，从而提升学校教师队伍整体素质和学生综合素质能力。

大多发达国家重视综合评价教师的专业发展状况以及教师的教学改进对学生的学业影响，以此推动学生的成绩提升和教师的专业成长，实现师生的共同进步。

---

① 王丽星，尹红丹.教师评价体系如何体现发展性 [J].人民教育，2015（13）：71.

　　韩国最初依照教师的年度工作业绩、业务能力和态度开展中小学教师评价；后来教师评价内容涉及从学生的学习指导至生活指导的多项教育教学指标，尤其是教师的专业职责领域，即教学设计、教学实施、学生学习评价、对学生的个别指导以及学生社会实践能力。[①] 日本东京都的中小学教师评价体系以教师的能力、情意、业绩作为评价指标进行全方位评价，主要评价标准包括四大项目，即学习指导、生活指导、未来职业发展指导、学校管理、特别活动与其他，每一大项下面分为三个小项目，即能力、情意和实际成绩。[②] 新加坡的中小学教师评价内容，基于教师不同的发展方向所需知识技能和专业特征而有所区别。针对普通教师和担任领导职务的教师有教学方向和行政方向的不同考核标准，针对后者要求更高，但都主要考评工作业绩和能力。普通教师的主要工作业绩包括学生表现（学习质量方面，包括以学生为中心和以价值为导向的理念，以及教学内容、课堂纪律、学生表现与教师反馈；品格发展方面，包括培养学生正确的价值观和建立良好的师生关系等）、专业发展（教师自身专业发展和与其他教师分享并助其提升专业发展水平）和对组织的贡献（举办活动项目等以提升学校荣誉）；能力考评主要包括个人素质（专业的价值观、自我管理以及分析与思考能力）、专业能力（以学生为中心和以价值为导向的课程设置、教学方法和学生考评）、组织能力（远景规划、课堂管理、文化建设等）和协作能力（人际关系、

---

① Kim, K. S., Jeon, J. S. & Ahn, B. C. Developing a Teacher Evaluation Model for Professional Development [R]. Seoul: Korean Educational Development Institute, 2011: 61.

② 贾文婷. 日本：问题倒逼制度转换——国外中小学教师评价体系扫描 [N]. 人民日报, 2015-10-04 (05).

团队工作和内外合作)。① 英国重视评价教师的个人发展目标及学生的学业发展目标。教育标准局 (The Office for Standards in Education) 确立的教师绩效管理评价标准为: 具备专业化知识, 有效规划教学目标, 设计有效的教学方法与评估学习效果方法, 激发学生学习兴趣, 创造有助于学生专注学习的环境, 充分发挥专业教学技能并取得教学效果, 以及开展有效的课堂管理。② 美国重视教师的绩效与发展表现融合评价, 哥伦比亚公立学区的教师评价涉及教师所教学生的成绩增值、教师的教学行为表现, 以及教师对学校共同体的贡献。③ 芬兰在中小学教师评价过程中重视战略性的教育教学改进, 对教师的考核评价仅仅是教学质量的一部分, 而且仅限于两部分基础性的内容, 即教师的自评以及教师与校长之间以推动教师专业发展为目标的研讨交流。④ 澳大利亚中小学教师基于国家教师专业标准评估自身专业发展程度, 开展反思、自我评价, 教师专业标准涉及专业知识、专业实践、专业参与三大维度, 并对不同发展阶段教师的专业标准进行区分和具体规定。⑤ 新西兰在教师评价改革中, 致力于建立衔接性和互补性的教师评价标准框架。"责任准则"规定师德标准, 明确教师职业的激励方向;"职业标准"明确教师的优质教学实践, 教师可参照它有针对性地开发优质教学实践。⑥ 中学和小学教

---

① 中国教育报刊社. 国外教育调研报告四 (2011-2015) [R]. 2016: 103-104.

② Ofsted. The education inspection framework [R]. London, 2019: 9-11.

③ District of Columbia Public Schools. The District of Columbia Public Schools Effectiveness Assessment System for School-Based Personnel [R]. Washington: 2018-2019: 3-54.

④ [芬兰] 文德 (Fred Dervin). 破解神话: 还原真实的芬兰教育 [M]. 刘敏、姚苇依, 译. 北京: 教育科学出版社, 2019: 22-23.

⑤ NSW Education Standards Authority. Australian Professional Standards for Teachers [S]. 2018: 2.

⑥ Education Council New Zealand. Our Code, Our Standards: Code of Professional Responsibility and Standards for the Teaching Profession [R] 2017: 10-12, 16-20.

师集体协议中的教师专业标准是对教师的最低专业质量要求，从多维度对教师开展评价：专业知识（课程、学习、评价理论）、教学技能（计划与准备、教学策略、评估、资源与技术运用）、学生动机（学生参与学习、促进学生学习的期望）、课堂管理（学生行为、物理环境、尊重学生）、沟通交流（学生、教师同事、家庭或社区）、支持教师与同事合作及对教师对学校的贡献。[①]

　　本研究开展的教师问卷调查显示，大多教师赞同开展综合评价。接受调查的教师中的多数人认为，应该评价教师的师德，说明师德评价得到教师的广泛认同；也有不少教师赞同应该评价教师的教育教学行为表现、教学成绩以及科研成果等。（见图4.3）

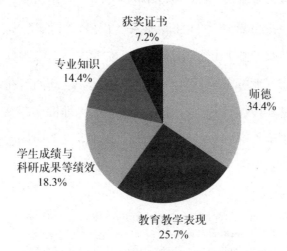

图4.3　教师评价应涉及的综合评价内容示意图

　　受某些发达国家开展中小学教师综合评价的启发，结合我国的中

---

　　① 史大胜，王燕. 新西兰中小学教师评价制度改革：动因、举措与价值取向 [J]. 比较教育研究，2021 (12): 23-24.

小学教师评价实践经验做法，我国要完善和优化教师评价内容，实施综合评价。要根据党的教育方针政策、教育法律法规以及国家课程标准等，适当借鉴国外经验做法，注重导向，突出重点，构建教师评价指标体系。教师评价内容，不能主要考评学生成绩，而要重视评价教师的师德、教育教学行为和工作绩效，从而实现对教师的综合和全面评价。应当强调，教师评价内容要回归促进教师的专业素质和教育教学能力的提升。要建立教师教学和学校管理相分离的教师评价制度，保障教师的大部分时间真正用于开展教育教学工作和追求专业发展。为此，要规范各类进校检查和考评活动，推行目录清单制度，避免教师陷于频繁的"填表"活动；充分借助大数据平台，自动检索填报数据，减少重复填报次数和内容。

教师评价的各项内容彼此密切相关，有内在的一致性。师德是教师专业素质的内在体现，教育教学行为是教师的师德和其他专业素质的外在体现和实践环节，而工作绩效是教师的专业素质和教育教学行为的结果体现。

师德是体现教师职业的道德准则，是教师专业自觉形成与发展的重要基石。教师评价中，要肯定和认可教师对物质利益和荣誉的合理需求和追求，这是教师自觉保持师德的内驱力。当前我国师德规范遵行倡导性与禁行性要求相结合的原则，一定程度上克服了传统师德规范过于空泛的弊端。然而这种二元式规范划分仍存缺陷，对教师的师德修养难起引领作用。为此，教师的师德评价可采用"分层"思路。师德本身可分为"底线的师德"和"追求的道德"两大层次，前者是教师尤其是初任教师应有的起码职业道德，后者是教师的德性楷模，是教师的内在信仰和德性追求。

在这两个纵向层次基础上，还可将每一层次细分，形成师德的不同层级，比如在法律层面的"师法"、在纪律层面的"师规"、在习俗层面的"师德"以及在伦理层面的"师道"，由此形成师德修养由外而内、由群而己、由低而高的上升路径，对处于不同生涯阶段的教师起到师德修养的导向作用。[①] 另外，国内外教师师德规范对比研究显示，大多国家师德规范的内容呈现方式涉及三种类型：中国和英国等的综合内容类型，美国、新西兰等的学生、同事、家长、个人等利益相关者类型，加拿大安大略省等的尊重、公平、信任等基本价值类型。以利益相关者为基本维度制订师德规范，能全面、系统、清晰体现教师工作的专业性，帮助教师有效处理各种道德关系。所以，我国新时代师德规范的完善可按教师与管理者、教师与同事、教师与学生、教师与家长以及教师与专业发展等几个横向维度设计规范内容，其中教师与学生、教师与专业发展应成为师德规范规制的核心维度。[②] 由此，可将教师处理与利益相关者的道德关系的横向维度内容纳入上面所讲的两大层次、四个层级中，将教师的师德评价内容进行梳理、分类、细化，纳入相应的具体层级。

教师的师德评价内容确定后，需设计师德测评表，将一部分师德评价内容量化为可考核的具体指标，对于难以量化的其他师德评价内容可进行相对具体的师德定性表述（如无迟到、早退、缺课、擅自调课、上课打电话等情况，评价意见可分为：非常满意、满意、基本满意、不

---

① 陈华. 教师评价制度与师德规范的人性假设冲突 [J]. 湖南师范大学教育科学学报，2014 (6)：63.
② 陈黎明. 中小学教师专业伦理规范建设的思考 [J]. 中国教师，2018 (10)：89.

满意、非常不满意)。师德评价的主体应分为学校管理者、学生、家长、教师同事、教育教学专家等多元主体，要设置测评权重，各评价主体分别占不同比例。根据评价主体的不同，评价内容和指标也应有所不同。如学生评价表可侧重关爱学生、为人师表等方面；同事评价表可侧重爱岗敬业、合作交流、治学严谨等方面；领导评价表可兼顾多个方面。除此以外，还要设置一票否决的"底线师德"测评指标，如课堂上散布反对党的路线、方针政策的言论，收受学生及家长赠送的礼品礼金，帮助学生修改考试成绩，打击报复学生等。另外，要营造良好的教师评价生态和氛围，建设积极向上的校园文化，营造良好的学风和校风。通过树立典型，发挥师德模范的榜样示范作用，用师德楷模的事迹教育和影响广大教师。同时，充分利用校园广播、网络媒体等宣传道德标准、道德榜样，营造崇尚师德的良好氛围。

为有效评价中小学教师的师德，督促教师践行职业道德，应增强中小学教师师德评价标准的规范性、可操作性。要多采用具体的、可操作性的语言表述。比如，针对"激发学生的创新精神"，可以规定：创建轻松的教学氛围及适切的问题情境，引导学生积极参与和探究，注重培养学生的科学思维方法和创新能力；不得强迫学生服从教师的个人观点，不得限制学生在学习过程中的独立活动。针对"廉洁奉公"，可以规定：不得通过师生关系或者同事或学生家长等信息谋取个人私利；不得接受可能损害教师职业的礼品、酬金和服务等。针对"关爱学生"，可规定：公平对待每位学生，尊重学生的个体差异，公正地评定学生的学业成绩；不得根据民族、性别、家庭背景、经济状况和学业成绩等因素区别对待学生；当处理学生问题不当时，要敢于承认错误。针对"尊重同事和家长"，可规定：与自己的同事和学生的家长互相尊重，合作协商，共同促进学生的学习；不得泄露自己的同事和学生的家长等人的隐私及其他私人信息，除非出于本职工作的目的或法律的要求。另外，师德形成是一个内化过程，师德评价应尽可能融入教师的教育教学过程和实践，引导教师自觉地养成主动遵守师德规范的习惯。比如，在评价教师"关爱学生"时，要求教师关注学生的特长兴趣和经验，培养学生的积极学习态度，让学生获取知识技能的过程同时成为发展学生的自主学习与合作探究精神并形成正确的价值观的过程；在评价教师"教书育人"时，教师要选择适合学生的学习方法，耐心指导和引领学生学习，注重学生综合素质的考查和多元化的评价学生方式，保护学生自尊心与自信心，促进学生个性发展。

教师的教育教学行为，作为教师专业素质的外在表现，是教师评价内容的重要组成部分。它涵盖教师促进学生健康成长的整个育人工作，主要涉及教师的教育教学理念与目标，教学组织设计、教学内容与方法创新、教学过程与效果、学生作业设计与批改、教学反思与合作，师生关系与互动、教师对学生学习习惯、方式和全面发展等的指导，教师进行的教育教学评价，教师参与的研修进修和开展的教研科研，教师的教学规范、课堂管理和教室文化环境建设等。

教师的工作绩效，是教师的教育教学工作结果和成效，是对教师工作绩效的梳理和总结，有利于引导教师发现自身在教育教学中的优点和缺点，借此激励教师进行自主反思和改进，从而促进教师专业成长，实现教师的自主管理及行为自律。教师的工作绩效涉及教学出勤与教育教学工作量，教师对初任教师和青年教师的指导与培养、教学述评、家校合作情况、学生的平时成绩和增值成绩、教师为提高学生的综合素质所进行的过程性指导，以及教师取得的科研成果和获得的荣誉称号等。

北京市某些中小学在教师评价过程中注重探索教师综合性评价标准，助力教师自主发展和成就职业价值。本研究在调研中发现，北京市中关村第一小学在教师评价改革过程中，注重确定教师评价标准和明确改革方向，让教师自主发展有目标和依据。该校的教师评价标准要求教师守好底线，如教学中要确立备课、上课、作业、质量与评价、学生辅导、教研活动的常规标准。北京市玉渊潭中学的教师评价被列为该校发展的一项重要工作，已写入学校规划。该校建立了一套适合校情的教师评价措施和标准，如《教育教学评价方案》《常规课堂评价标准》《教师学术评价标准》等，以"分层多维"为评价原则，对不同教师群体进行多元评价，形成有学校特色的教师评价机制。2017 年北京市海淀区义务教育学校社会满意度调查结果显示，该校社会满意度位居海淀区公立校第一，其中教师对学校的满意度为 97.84 分，忠诚度为 98.2 分，这说明教师通过分层多维的评价标准，可发挥和发展自身优势，并有获得感、幸福感和价值感。①

（二）实行差异化教师评价

我国的教师评价政策要求重视教师之间的个体差异。教育部早在

---

① 李红，刘丽丽 ."三个品牌行动"成就教师专业发展 [J]. 北京教育（普教版），2019（9）：26-28.

2002 年就印发了《关于积极推进中小学评价与考试制度改革的通知》，要求教师评价内容多元化，教师评价标准既要注意对教师的统一要求，又要关注教师的个体差异及不同发展需求，为教师的个性、特色发展提供一定的空间。[①] 但本研究调查发现，中小学教师评价实践整体上仍然遵循统一的评价标准，用教师所教学生的学业成绩和教师工作量等统一评价标准评价每位教师，对教师群体的差异考虑不周，阻碍了教师的个性化追求，也对教师评价结果的科学性和认可度以及学校特色发展造成不利影响。

针对教师群体在潜能兴趣、学科岗位、发展阶段等方面的差异，开展差异化教师评价，设置差异化的教师评价标准，对于满足教师的个性化、多样化、差异化追求，推动教师评价结果的客观性、科学性，获得广大教师对评价结果的认可度，推动学校的特色发展，有重要意义。

发达国家注重通过个性化、差别化的教师评价，实现教师的个性发展，促进教师的专业发展。

日本东京都的中小学教师评价结果分为若干等级，如 A 是优秀，能圆满完成任务；B 是普通，完成期待达成的任务；C 是略差，完成任务过程中存在缺陷；S 代表特优，D 代表特差。完成的任务及其过程都设定代表不同水平等级的具体标准。[②] 新加坡中小学的普通教师和教师中的领导者在教学、行政方向设有不同的评价标准。教师评价结果方面，通常根据既定比例将教师分为五个等级。A 级（优秀）占教师总数的 5%，

---

① 中华人民共和国教育部网站. 教育部关于积极推进中小学评价与考试制度改革的通知 [EB/OL]. (2002-12-18) [2022-06-18]. http://www.moe.gov.cn/srcsite/A26/s7054/200212/t20021218_78509.html.

② 黒田かすみ. 教員評価制度の教員資質向上との関係性に関する一考察 [D]. 東京都：東京学芸大学，2008: 44-46.

30% 的教师获得 B 等（良好），60% 的教师获得 C 级（合格），D 和 E（差）人数占 5%。[①] 美国设置差异化教师评价激励机制，推动教师专业素质的提升。得克萨斯州南部拉斯弗瑞斯诺斯学区的教师评价等级分为"优秀""合格"和"较差"。[②] 哥伦比亚公立学区的中小学教师评价体系根据教师的教学表现和教师所教学生的学业成绩，由低到高设置若干教师评价评分等级。[③] 澳大利亚针对不同专业发展阶段的教师设定差异化专业标准用以评价教师，如毕业教师要达到职前教师的素质能力要求，熟练教师要达到教师资格注册准入标准，高水平教师要与同事建立合作关系并指导同事改进教学，领导型教师要开展创新性教学实践并指导教师开展创新性教学。[④] 新西兰将参评教师分为校长、教师教学负责人、教师以及学校工作人员等不同种类，并将教师分为初任教师、认证教师、成熟教师三个差别化的层次，同时从多维度对教师开展评价。[⑤]

为激励教师的专业发展自觉，我国应结合我国教师发展状况和教师评价实践情况，适当借鉴国外经验做法，建立教师差异化评价平台，增进与教师个体的对话沟通和相互理解，激励每位教师展示个体亮点和优势，培育教师自身的专业自信和专业个性。

从全国范围来看，我国各地教育资源和教育发展状况不尽相同，中

---

① 中国教育报刊社. 国外教育调研报告四（2011-2015）[R]. 2016: 105-106.

② 汤新华. 美国的教师评价制度：多元评价——以得克萨斯州拉斯弗瑞斯诺斯学区为例 [J]. 中小学管理，2009 (9): 53-55.

③ District of Columbia Public Schools. The District of Columbia Public Schools Effectiveness Assessment System for School-Based Personnel [R]. Washington: 2018-2019: 3-54.

④ NSW Education Standards Authority. Australian Professional Standards for Teachers [S]. 2018: 6-7.

⑤ 史大胜，王燕. 新西兰中小学教师评价制度改革：动因、举措与价值取向 [J]. 比较教育研究，2021 (12): 23-24.

小学教师的教育教学素质存在区域差异。在教师素质能力较弱的区域，教师评价内容可强调教师资格导向，在评价过程中要求教师至少达到教师任职资格标准；在教师素质能力较好的区域，教师评价内容可强调教学实践导向，侧重借助教师评价提高教师的教学实践技能和教学成效；在教师素质能力较强的区域，教师评价内容可强调发展导向，支持教师的专业发展、教学反思、教学创新、科研课题、团队合作、国际交流和领导力培养等。

中小学在具体开展教师评价过程中，评价目标和内容应结合区域教育和学校发展目标，充分考量不同潜能兴趣、学科岗位和专业发展阶段的教师的不同职业发展需求，为教师设置教学岗、专家岗或管理岗等多种职业发展选择，细化评价的层次化等级标准，激发教师的工作自主性，引导教师充分发挥潜能特长，充分满足教师在业务进修、职称评审、职务晋级、荣誉表彰等方面的不同需求，并使教师的差异性转化为可供开发利用的宝贵资源，在促进教师素质提升的同时推进学校的特色发展。

对于选择教学岗的教师，要将教师专业成长作为目标，基于不同发展阶段的学科教师的素质能力和实际需求，针对不同学科分别形成不同层次的教师评价体系，引领教师在适切的学科专业发展环境和教师评价中获得最佳发展。教师入职后，中小学要基于学校和学科发展规划目标以及教师个人兴趣特长，与教师协商制订教师职业发展规划以及短期和长期评价方案以便于教师找准自身定位、明确发展方向。在教师评价中，应以发展和动态的眼光看待教师，重视教师的职业生涯起点、兴趣爱好、性格差异、发展过程，使教师评价工作融入过程性、动态性和差异化环境，在与教师有效沟通基础上定期更新、动态调整不同教师的评价标准，构建动态和长效的教师评价机制，用教师评价指导反馈教师的专业发展。

根据教师个体的教育教学进展和表现情况，要选择适切的评价方法和工具，在不影响教师正常工作的情况下，多渠道收集信息，有针对性地开展评价并随时提出改进建议。可通过学生成绩增值评价、课堂观察、教学日记、教师档案袋等多种评价方式，引导教师反思自身的教育教学行为，及时发现问题和解决问题。在尊重教师意愿的前提下，尽可能为教师创造更多自由发挥潜能特长的空间，激发教师的自主发展动力。

针对不同的评价类型，如定期（年度）考核、评优表彰、职称评审，要基于具体评价类型的特点，制定针对性评价标准，完善评价机制。定期考核要基于教师工作量、课堂教学行为、成果绩效，进行全方位评价，其中年终绩效考核要加强学校自主、教师民主的绩效评价，让学校掌控教师绩效工资微调自主权，完善教师在学校绩效评价中的话语权，提高学校治理和教师绩效评价的效能。教师的评优表彰则以教师的成果绩效为主，以课堂教学和专业素质等不易定量评价的内容作为重要参考；同时，各地中小学针对教师的岗位特点和个性特长，可设立不同级别和类型的荣誉表彰称号，激励教师专业发展和个性发展。职称评审具有学术性评价要求，要注重考察教师科研成果的学术性、创造性以及教育教学实践方面的业绩和成果，根据区域教育发展实情合理设置著作、论文、课题、获奖证书等科研成果条件，探索教研报告、工作总结、教案课件等丰富多样的教育教学成果形式；注重教师的工作业绩、实际贡献和创新教学成果。根据教师的区域特点，职称评审要基于政策要求和农村教师的教育教学状况向农村教师倾斜，对于长期扎根农村学校的教师，侧重考察工作业绩，适当地放宽学历、教龄和科研成果等方面的要求，实行定向评价和使用，同时要总量控制、比例单列。

北京市中小学教师评价，针对教师绩效工资分配、职称晋升、荣誉表彰等不同教师评价类型，基于首都教师群体特点，设计富有当地特色的教师评价标准。如职称评审方面，强调考核教师的教育教学素质和教学科研成果。同时，为了鼓励和支持处于不同专业发展阶段的教师持续进取，设立不同层级的教师荣誉称号，如首都名校长、教育家型教师、特级教师、学科带头人、骨干教师等，构建分类别、多层次的教师评价体系。下一步，可进一步完善和细化教师评价的内容、方法、指导反馈等，尤其注重将教师培养和指导学生成长的过程等定性评价内容纳入教师评价。

三、优化教师评价方法，兼顾定量和定性评价

当前，中小学教师评价，基于客观性、可操作性、可比性和管理效率的考量，偏重定量评价方法，但这种评价方法容易把教师转变成教育教学管理的技术工具。另外，这种评价方法本身也有不足之处：教师的教学创新性和工作经验能力等难以量化；定量评价方法不重视教师的尊严和荣誉等高级需要，还会引发教师间无序竞争；某些教师为追求高绩效会忽视课堂教学改革创新等长效性专业发展。

教师评价不仅要追求客观性和管理效率，而且要重视科学性、公平

性。鉴于定量评价方法存在的弊端，教师评价应在针对某些适合运用定量评价方法的教师评价内容采取定量评价方法的同时，对某些教师评价内容采用定性评价方法。在教师评价中，兼顾定性评价方法和定量评价方法，教师评价的结果会更加全面、客观。事实上，定性评价方法具有某些独特优势，比如重视过程性评价，评价中有关各方能开展有效沟通交流。同时，通过定性评价方法，学校管理者能深入教师内心，通过观察、访谈等方式获取第一手资料，有利于增强教师评价的信度和效度，以及教师评价结果的可接受性。

在某些发达国家，中小学教师评价已从单一评价方法转向多元评价方法。除了运用定量评价方法评价教师所教学生的学业成绩（包括学生的增值成绩）以外，还运用定性评价方法，如教师访谈、课堂观察、学生作品展示、学生调查、教师档案袋等。

韩国的中小学教师评价，由教师同事和校长通过开展课堂观察和听课对教师的教学实践活动进行评价。学生和家长对教师的评价通常通过问卷调查来进行，学生家长还参与听课观察。[1] 日本东京都的中小学教师评价中，"能力"评价大多为定性评价，主要涉及理解学生、拥有知识技能并能灵活运用等，而"情意"大多也采用定性评价，主要涉及拥有理解学生、解决问题和研究的热情、教学创意技巧以及家庭合作等。[2] 新加坡在中小学教师评价过程中，采用定量评价方法评价教师的业绩和

---

[1] Kim, K. S. & Kim, E. K. The Results of 2011 Teacher Evaluations [R]. Seoul: Korean Educational Development Institute, 2012: 41.

[2] 黒田かすみ. 教員評価制度の教員資質向上との関係性に関する一考察 [D]. 東京都：東京学芸大学，2008: 44-46.

教师所教学生的学业表现，采用定性评价方法评判教师的个体素质、专业能力、组织能力、协作能力等；评价管理者还借助听课观察、抽查教案或学生作业本以及征求学生和家长意见等多种方式，了解教师平时的工作态度和表现。① 英国的中小学教师绩效管理评价制度用定量评价方法评价学生的成绩和进步情况，用课堂观察等方法评价教师的专业水准。② 美国采用多元化的教师绩效评价方法，对学生的学业成绩进步情况通常采用增值评价方法，而对教师的专业发展绩效则采用课堂观察等评价方法。有些学区在教师的教学能力评价中，由学校管理者和校外专家基于课堂观察、访谈开展教学能力观察，此后他们与教师面谈和研讨教学改进措施。③ 芬兰的中小学重视教师自评和学校领导者与教师的研讨交流，并重视教师档案袋在教师自评中的作用；校长按教育教学常规对所有教师进行课堂观察，并与教师开展交流，提出教学改进建议和策略，并与所有教师定期对话。在教师自评过程中，校长还组织教师专业发展研讨会，帮助教师开展自查自评，同时征集教师教学反馈信息，并在教师会议上分析研讨，以改进教师的教育教学。④ 澳大利亚的高水平教师（highly accomplished teacher）定期发起和参与教学讨论，改善教师的教学工作和学生的学业成就；他们还与同事共同规划、评估和修改教

---

① 新加坡使馆教育处. 新加坡"不一样"的教师绩效管理 [J]. 人民教育，2015 (8): 69-70.

② Department for Education. Evaluation of Teachers' Pay Reform: Final Report [R]. London, 2017: 18, 24.

③ District of Columbia Public Schools. The District of Columbia Public Schools Effectiveness Assessment System for School-Based Personnel [R]. Washington: 2018-2019: 3-54.

④ [芬兰] 文德 (Fred Dervin). 破解神话：还原真实的芬兰教育 [M]. 刘敏，姚莒依，译. 北京：教育科学出版社，2019：3, 22-23.

学计划，以改善教师的教学和学生的学习。[①] 新西兰注重在中小学教师评价中与教师开展协商对话，每位教师都有机会研讨和接受对其教学实践的观察与反馈。教师的专业学习来自与同事和评价者的深度对话与合作，教育管理者为教师腾出时间与同事同行讨论教育教学成果，并支持教师的互相观察交流，以专业合作伙伴关系代替教师评价管理人员与教师间的矛盾关系。[②]

我国的教师评价政策也要求采用多元评价方法评价教师，但实践中仍侧重采用单一的定量评价方法来评判教师所教学生的考试成绩。从应然的角度来看，由于教师评价内容涉及很多方面，要用"多种尺子"评价教师，克服教师评价方法的"一刀切"。

本研究开展的教师问卷调查显示，大多教师主张同时运用定性和定量评价方法，如课堂观察和学生成绩增值评价等。（见图4.4）

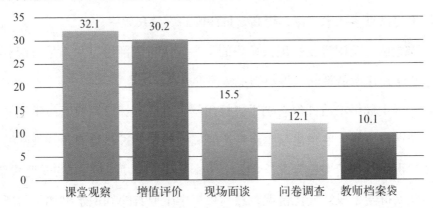

图4.4　教师评价应采取的评价方法示意图

---

① NSW Education Standards Authority. Australian Professional Standards for Teachers [S]. 2018: 6-7.
② 史大胜，王燕. 新西兰中小学教师评价制度改革：动因、举措与价值取向 [J]. 比较教育研究，2021 (12): 23.

反思我国中小学教师评价方法存在的问题，结合国外实践做法，我国的中小学教师评价要创新教师评价方法，全面、客观评价教师的教育教学活动，尤其要超越教师评价的"工具理性"，回归"以评促改"的初心，借助教师评价促进教师发展和推动学校治理。可适当吸收国外做法，在采用定量评价方法的同时，适当采用定性评价方法，以增强教师评价的科学性、客观性、公正性和有效性。

（一）完善定量评价

传统的定量评价方法在当前的教师评价中仍发挥着重要作用，因此新时代的教师评价并不完全排斥传统定量评价方法，如通过定量评价方法评价教师的课时量、学生成绩、教师科研成果等。但是，随着时代的发展，定量评价方法也要与时俱进，充分利用人工智能、大数据等现代信息技术，优化评价技术资源，研发更多科学的评价工具，为开展教师评价提供更多技术支撑，提高定量评价的质量和效率。

当前，美国等发达国家采用的学生成绩增值评价方法，是我国有些中小学在探索借鉴的一种新的定量评价方法。

学生成绩增值评价有别于直接用学生成绩好坏评判教师教学优劣的传统评价方法，它依据学生在特定时间内的学业进步情况评判教师的教学情况。该评价方法通常会追踪、统计学生在一段时期内的学业成绩，据此获得学生成绩变化情况，然后根据学生原有的知识水平和所学新知的难易程度等诸多综合因素来评价教师，以科学、公平评价教师的教学效果。

随着大数据及人工智能的不断发展，我国有条件的中小学可尝试采用增值评价方法，在教师评价过程中，通过追踪学生的年度学业成绩，获取学生在几年内的学业进步情况，统计学生学习成绩增长分数而非原始分数，将学生成绩的静态数据与动态进步指标赋予不同权重，作为定量评价教师教学成效的依据。

在教师评价实践中，我国有些地方已经尝试开展了学生成绩增值评价实验和研究。2018 年至 2019 年，浙江省杭州市大成岳家湾实验学校的七年级某些班级的教师在专家团队指导下，通过学生成绩增值评价模型，追踪一段时间内的学生成绩变化情况，考察了教师对学生成绩影响的净效应。研究结果发现，学生成绩受学生初始成绩、学生家庭背景、学生效应和教师效应等多种综合因素的影响，用学生成绩增值评价模型分离出教师效应以衡量教师的教学效能，是评价教师教学行为和教学效果的更加客观、科学的评价方法。对照先前基于学生平均测试分数横断性评价发现，学生成绩增值评价方法确有更多的优势。它基于每个学生的学业成绩进步情况来测算教师教学工作对学生学业成绩增值的影响，有助于引领教师关注和兼顾每个学生的学业进步情况而非其学业成绩的绝对水平；它用详尽的数据描述学生的学业成败，可为教师提供过程性、结果性的评价信息，为教师的自主发展提供科学依据；它作为更为客观的教师评价方法，有利于推动教师的教学反思，增强教师的教学效能，从而更好地促进学生的进步。[①]

为了在全国范围逐步推广学生成绩增值评价方法，可考虑在义务教育阶段开展国家和省级的各年级各学科统考以确定学生进步常模，为开

① 鲍争志，刘徽.读懂数据：大数据时代的差异教学 [M].北京：教育科学出版社，2021：179.

展学生成绩增值评价提供基础数据，同时建立追踪测试数据库，考察教师教学对学生学业成绩的增值效应，从而保障教师绩效评价的客观性和公正性。

应当注意的是，需将学生成绩增值评价和课堂观察等评价方式相融合。要由教师与其他评价者基于多次课堂观察和访谈调查等情况，共同研讨和评价教师教学的优势和不足，并在对教师的指导反馈中提出专业性的改进建议，教师本人也可提出新的改进策略。

需要明确，开展科学的定量评价，应当注意以下几点。

第一，不适合定量评价的内容不要勉强量化。例如，评价教师的工作量，可按规定的每周课时、教师布置与批改的作业量、指导青年教师的数量等，可按评价标准量化积分；教师的教学效果，可通过学生成绩增值评价进行量化考核；教师的科研成果，可通过教师课题研究及论文论著等情况进行量化考核。但教师评价应是全方位、综合性的，对那些难以用"分数"定量评价的内容，如教学方法创新、教学内容拓展的深度和广度、作业设计的创新性、教师的敬业和奉献精神等，可采用定性评价、等级制评价等方式，有效推动教师的专业发展，从而提升教师的综合素质。

第二，量化评估指标宜粗不宜细。过于具体细致的定量评价指标不仅会使教师厌倦，还会使评价管理者疲于奔命。因此，只需要粗线条地体现教师定量评价的内容，把教师的工作大体分为教育、教学和科研等几大类，每一类只规定达到一定数量或层次就记多少分。这样能兼顾教师评价的一般性要求，支持教师全面发展，还能为教师的自由发展腾出空间，使其有充足的时间与精力钻研业务、反思教学、发展特色。

第三，改变定量评价思路。传统的"扣分制"往往忽视教师做得出色的工作，评价管理者瞪大眼睛甚至用"显微镜"紧瞄教师评价内容中的"扣分点"，甚至为拉开教师定量评价得分的差距而"吹毛求疵"，结果往往造成教师的工作动力下降，发展潜能受压制。教师评价管理者应认识到，教师评价是激励而非压制教师的发展，应充分信任、尊重教师，引领教师自主发挥潜能并获得信心和成功体验，不能把教师变成工作上的失败者。为此，要更新教师评价理念，将"扣分制"转为"加分制"，改变传统定量评价方法的弊端，推动教师定量评价步入一片新天地。

第四，定量评价要重视结果，更要重视过程。中小学在开展定量评价过程中，不应仅注重教师评价结果，还要关注教师评价过程，将表彰奖励放在"一直在努力"的那些教师身上，以鼓励和支持教师在专业发展过程中不断积极进取、超越自我。在这种情况下，即使学校不再对教师进行奖励，教师也会自主发挥潜能，积极谋求专业发展。

（二）加强定性评价

中小学教师评价涉及的定性评价方法主要包括课堂观察、个别访谈、教师档案袋等评价方法。这些评价方法有助于全面、客观收集教师评价信息，全景式地评价教师的教育教学现实状况。

开展定性评价，可对教师的教学表现，如教学方法的创新、学习环境的创设、学生多样化需求的满足、学生批判性思维的引导、师生互动合作等定性评价内容，设置一定的评价维度和指标，进行等级划分而不用分数衡量。评价管理者通过正式或非正式课堂观察以及借助实物、访谈、调查等证据，如教师的教学计划、教师档案袋、教学视频资料、参加学术会议记录、参与专业学习共同体记录、指导学生记录、学生作业批改情况、同事同行评价、学校管理者评价、学生及其家长参加的问卷调查等信息，并与教师沟通交流后，若认定教师达到若干指标，可认定教师达到某一等级，如改进、达标、熟练、优秀、卓越等。这些等级性的定性评价，有助于激励教师在日常教学中达成预期要求，还能让教师及时了解自己在教学中的具体表现是否达到评价要求，从而有效地引领教师根据评价结果进行自我诊断、自我反思和自我提升。评价管理者应注意避免使用刺激性的"无效""不合格"等评价结果字眼，结合同事同行和专家评价的结果和建议，在为教师提供改进和发展机会的基础上提出具体指导和反馈建议，如教师在哪些方面有待改进，应达到哪些最低要求，今后教学改进的具体内容和方式，以帮助教师发现不足，尽快改进教学，不断获得专业发展。

当前，常见的定性评价方法是课堂观察和教师档案袋评价。

1. 课堂观察

课堂观察是通过课堂听课和观察来评价教师教学行为的评价方法，评价内容包括教学目标、教学内容、教学设计、教学方法、教学风格、学生自主学习、参与和探究情况、师生互动和学生管理等方面。学校管理者、教师同事和专家等评价者通过观察课堂教学，对教师的教学提出评价意见和指导反馈，使教师不断改进教学工作。课堂观察的评价者必须经过专门的培训，熟悉课堂观察中的评价内容，并能以客观态度提出评价意见和指导反馈。评价者进行课堂观察前，要同授课教师共同明晰评价内容和表述清晰、可操作性强的评价标准，以保障评价的公正性和准确性；一次课堂观察评价后评价结果未必准确，故应适当进行多次正式和非正式的课堂观察，既能让教师通过课前准备充分展示课堂教学技能和特色，又能让教师展示常态化的真实课堂教学表现并避免过度临场"作秀"的形式化课堂教学；评价结果和指导反馈建议，要根据学校管理者、参评教师本人、教师同事和专家等评价者的建议和研讨综合确定，确保评价的公正性和可接受性；课堂观察要与其他教师评价方法相结合，综合确定评价结果。

课堂观察要践行评教与评学相结合但侧重评学的原则。课堂观察过程中，评价者的重点观察内容主要涉及教与学。一是教师的教学设计是否合理，对学生认知和发展水平是否足够了解，对教学内容、方法工具是否有全面和创新的设计，尤其是教师能否创造性设计教学情境、运用最新教学素材、创新教学方法、引导学生自主学习和合作探究、解决真实社会问题，是否有特色化教学风格。二是学生参与度是否适当。要看教师提出的开放性问题的广度和深度，以及学生回应的积极性和创造性；学生是否积极、有效地参与学习的过程而非被动地接受知识灌输；学生参与学习的时间、广度和深度是否合适；学生独立思考、创新思维和合作探究精神是否得到有效激发；学生是否表现出对发现和解决问题的浓厚兴趣，并提出创新性问题和解决方案；学生在参与学习过程中其情感因素是否充分调动；学习内容和过程整体上对学生是否有吸引力，等。

对课堂观察的定性评价在本质上并不排斥一定程度的适切的定量评价，比如教师课堂讲授时间与学生参与时间的配置、教师在教学中所采用的新素材和新方法、学生发现和解决创新性问题的数量、教师和学生提出问题的数量、学生掌握某技能所用时间等，但这些定量评价中的数据是为体现和佐证相应的定性评价内容服务的，不能僵化、机械地使用。

我国某些区域和学校多年来通过听课、评课、赛课、磨课等，从一定程度上践行了课堂观察评价方法，但这种评价方法在具体运用方面还有待完善。本研究在北京市海淀区某些中小学访谈时发现，有些学校的管理者开展日常课堂观察较少，有时只是口头的课堂点评，没有建立起相对完善的课堂观察评价机制。学校有时开展正式的课堂观察评价，但该评价过于模式化、定量化，虽可简明、精确地量化教师课堂教学的某些方面，但无法体现课堂教学的灵活性、开放性，更无法体现每位教师独特的教学风格，尤其对于青年教师而言，他们的想法丰富多彩、富有创意，但既有课堂观察评价不能体现他们的教学特色。另外，学校也会为教师提供很多赛课机会，但这些赛课是教师经多次打磨甚至举全校之力创设的一节"样板"课，难以反映日常课堂教学情况，甚至对教师正常的备课、教学产生不利影响；况且，这类赛课着眼于获奖、职称评审、工作绩效等方面，忽略了课堂观察评价方法的真正作用，无法从整体上提升教师素质。

2. 档案袋评价

档案袋评价是斯坦福大学教育心理学教授李·舒尔曼（Lee Shulman）

基于档案袋特点研发的教师评价方法。这种评价方法要求教师系统收集和记录有关教师个体的教学、研究、管理、指导、研修等方面的信息，如专业发展规划、对教学理念和目标的记录、课堂教学计划、课堂管理策略、班级活动设计、课例研究记录、教学反思、研修记录、科研记录、同事同行合作记录、教师荣誉证书记录、教学自我评价记录、学生学习成长或学习成果记录、学生对教师课堂教学的建议记录、学生与教师交流互动和共同实践活动情况记录，以及教师与学生家长沟通交流的信息记录等。其中，档案袋中涉及的"陈述式反思"是促进教师专业发展的最优方式，从一定程度上体现了教师专业发展的成果。①

从教师档案袋中材料的呈现形式来看，绝大部分材料是描述性文字、表格、图片、视频、音频、实物等。教师要分析整理所搜集的材料和实物等，并按一定结构和顺序来组织材料，形成说明性文字和反思总结。

档案袋评价法出现后，成为西方国家 20 世纪 80 年代最受欢迎的教师评价方法之一，并沿用至今。从课堂观察等教师评价方法发展到档案袋评价法，系统融合了诊断性、过程性和总结性评价。伴随着现代技术的发展和进步，电子档案袋和数据处理软件相继出现，这将有助于及时、便捷、高效、精准保存和分析有关数据资料，从而有利于客观分析和评价教师的教育教学行为表现。

---

① Darling-Hammond, L. Portfolio as practice: The narratives of emerging Teachers [J]. Teaching and Teacher Education, 2001 (1): 107-121.

总体上看，档案袋评价方法有其独特优势。它无须教学管理者在场监督而由教师自主收集资料并独立完成教育教学工作信息，全面收集教师自身的专业成长和进步材料，从一个层面真实反映教师专业成长历程，周期性和全方位地展示教师的教学过程和教师在师德师风、教学科研和师生关系等方面的状况，引导教师随时关注自身的教育教学变化并进行自主改进从而促进教师自身的专业成长和学生的学习进步。[1] 同时，档案袋便于教师向其他评价主体如学校管理者、教师同事同行、专家、家长等进行直观、形象化展示，有助于他们之间开展交流对话；教师观看其他教师的档案袋，也能从中学习借鉴其他教师制作档案袋的经验做法，并从中探寻其他教师的教学经验和特色优势，从而促进教师群体的专业成长。

可见，档案袋评价在一定程度上凭借其特色和优势为教师评价提供了可靠依据。它既是教师评价结果，也是一种动态的教师评价过程和评价依据。通过教师档案袋，学校管理者可从一个层面和视角了解教师队伍的优势与不足，为教师发展和学校治理提供决策依据。更重要的是，教师档案袋提供了教师进步和成就的资料和信息，有助于教师在回顾自身工作历程、展示工作体验和成就的同时发展自我并形成个性化、特色化的教学风格。

档案袋评价结果可以采取等级评价的形式，但评价结论要有具体的语言描述，尤其是积极、肯定性的评价语言，以令教师感受到进步的喜

① Nancy D. Turner. The Evolution of Portfolios in Teacher Education. [EB/OL]. (2002-09-01) [2021-10-05]. https://www.researchgate.net/publication/251618380_The_Evolution_Of_Portfolios_In_Teacher_Education.

悦；同时，要提出具体的可操作性的指导反馈建议，明确教师未来努力方向。

当前，大多数中小学教师，尤其是年龄大些的教师，对教师档案袋这一评价方法及其技术工具还不够熟悉，也不太清楚或不太习惯教师档案袋的制作方法和步骤，有些教师还嫌这一评价方法过于费时费力。为鼓励教师制作档案袋，学校可适时展示优秀的教师档案袋，针对教师档案袋中富有特色和亮点的内容对制作档案袋的教师进行宣传和表彰；同时加强教师档案袋制作的指导和交流。

应当明确的是，中小学教师评价过程中，某些具体的评价类型可能侧重定性评价方法，或定量评价方法，或同时采用定性和定量评价方法。比如，教师年度绩效评价宜兼采定量和定性评价方法。绩效评价的内容主要涉及专业素质（如遵守师德，通过自学、研修和学历提升等途径拓展专业知识，并注重专业知识的创新运用和教学科研）、教学表现（如开展创新教学设计，运用适合不同学生的教学策略方法并创设适切的学习环境以期培养学生的自主学习、合作探究、批判性思维和问题解决的能力，把握学生学习过程并能正确评价学生和促进学生发展，促进学生学业成绩不断提升或有效指导学生参赛获奖，反思教学行为并积极寻求专业发展）以及沟通合作（如建立、发展民主和谐的师生关系，运用多种沟通技巧培养学生的学习与合作能力，与同事、家长、社会合作助力学生的学习与发展，与同事同行协作开展教育教学项目和课题研究，参与、组织或主持学术会议，指导青年教师教学和科研）。绩效评价过程中，评价内容涉及很多层面，要注重根据具体评价内容，采用适切的、不同的评价方法：若适合定量评价，就运用定量评价方法；若适合定性评价，就运用定性评价方法；采用这两种评价方法更科学、更全面的，就同时采用这两种评价方法。

（三）遵循评价程序

中小学可成立教师评价小组，按照一定的程序步骤开展教师评价。教师评价小组的成员包括学校评价管理者、外聘专家学者，以及来自教师、学生和学生家长等方面的代表。以教学岗教师评价为例，教师评价程序大致可分为四个阶段。

第一阶段，进行评价准备。由学校评价管理者搜集评价资料，包括学校发展规划目标，教师评价目标和内容标准，参评教师的基本情况，教师同事同行、学生及其家长等评价主体对教师评价的意见建议等，以便于为与参评教师研讨、确定整体评价目标、方案以及差异化评价方案准备材料。

第二阶段，确立评价目标。学校评价小组基于对教师队伍开展的调查研究，通过与教师等评价主体研讨交流，确定学校中长期发展规划；在此基础上，结合学校教师发展规划研讨制订学校整体教师评价目标和方案。然后，与学科教研组和组内教师商讨制订学科教师评价目标和方案。最后，在相互信任、尊重的氛围中，通过交流研讨，在由参评教师结合个体发展规划和特长潜力制订个体发展规划和评价方案的基础上，由参评教师、评价管理者、学科教研组教师和其他评价主体共同研讨制订适合参评教师专业发展的差异化教师评价目标和方案。

第三阶段，开展具体评价。参评教师开始实施自己的专业发展规划，将其专业发展目标落实到评价目标和方案中，并通过教师档案袋等收集有关自身的评价信息。评价管理者要通过访谈、课堂观察以及业务量统计等评价方法全面、准确收集参评教师的有关评价信息并记录整理，然后及时与教师交流教学改进等情况。同时，收集来自学生、家长、教师同事、专家学者等评价主体对教师的教育教学行为表现的评价，并分析整理，及时与参评教师交换意见。学校评价小组每学期应至少组织一次过程性教师评价，将评价信息反馈给参评教师本人；教师本人获取评价信息后，应及时通过个体反思和同伴互助等方式进行改进。每学期的过程性评价结果仅作为教师评价小组帮助教师改进教学或教师自我改进教学的参考。

第四阶段，提出总结反馈。这包括撰写评价报告和提出指导反馈。教师评价小组与参评教师研讨协商进行年度总结性评价，并撰写评价报告、提出指导反馈建议。首先，参评教师基于学校评价目标和方案以及学科教师评价目标和方案，结合自身评价方案开展自我评价并写出自评报告。然后，学校教师评价小组在参评教师自评基础上，结合收集到的参评教师其他评价资料和信息，对参评教师进行年度总结性评价，撰写参评教师评价报告。整个评价报告可包括与参评教师评价面谈的讨论记录和此后制订的参评教师评价方案，以及参评教师具体落实个体教师评价方案的情况；在肯定参评教师业绩和进步的同时，指出下一步有待改进的问题，并结合教师工作实例提出可操作性的具体个性化指导反馈建议，以及学校为落实这些改进建议将创造的专业发展条件和平台。作为总结性评价报告，要坚持定性与定量评价方法相结合原则。整体上，可对参评教师开展无分数的等级评价，设立多元化、个性化的激励机制，推动教师个性化发展，带动教师整体素质的提升；即使对某些教师评价内容开展定量评价，也要在显示分值的同时予以解释和说明。总结性评价的结果要在与教师本人进行面谈商讨的基础上最终确定，同时根据具体情况，与教师本人沟通后公布评价结果或不公布评价结果，或在一定范围公布评价结果。

四、优化教师评价结果运用，创新评价指导反馈与激励措施

当前，中小学教师评价侧重奖惩教师，不太重视对教师的指导反馈。强化教师评价的指导反馈，及时发现教师的教育教学优势和问题，指导教师扬长避短，有利于增加教师对评价结果的认可度和不断提升教师的业务素质。另外，现行教师评价整体上缺乏个性化和差异化的评价激励措施。采取差异化的教师评价激励措施，有助于激励教师发挥特长潜能和自主专业成长。

（一）创新评价指导反馈

教师评价的主要目的，不是针对教师的教育教学表现评出优劣进而奖惩，而是以评促改。然而，当前不少中小学管理者受传统的教师评价理念的影响，过于注重通过教师评价奖惩教师，如进行绩效工资分配和评优表彰，淡化对教师的指导反馈，或者在对教师的指导反馈方面缺乏个性化和可操作性的指导建议；有的其他评价主体作为教师评价的利益相关者也存有功利思想，主要关注教师评价结果，不太重视对教师提出

可行性的指导反馈和建议。

　　加强和创新教师评价指导反馈，通过教师评价借机开展教师的教育教学过程指导，有助于及时发现教师在教育教学中呈现的特色、优势和问题；有利于评价管理者和其他教师评价者加强与教师的平等交流，向教师随时、及时反馈评价信息，肯定教师教学的特色优势并针对教学中的不足提出指导性意见和教学改进建议，从而促进教师专业发展；有助于借助评价过程中的交流和指导，提升教师评价的教师认可度和实效性。

　　当前，发达国家注重从参评教师的发展诉求和学校的长期发展出发，强化在教师评价过程中对参评教师的指导反馈。

　　韩国注重不同的教师评价主体从不同的角度对教师开展评价诊断和指导反馈，以改进教师的教学行为和表现，从而推动教师的专业发展与教师素质能力的提升。[①] 日本东京都的中小学教师评价中，校长和教导主任在进行教师评价的同时提出指导和改进意见，以期提高教师的专业素养，最终提升教师的教学质量和教育水平。[②] 广岛县的中小学教师评价过程中，校长通过面谈指导教师修改和明确教师教育活动计划与目标。校长和教导主任还对教师进行教育教学帮助和指导，通过听课观察等活动了解教师的工作状况，同时开展第二次面谈并修改某些目标。教师评价结果公开后，若教师有意见可提出申诉；受理申诉的机关根据情况向校长调查询问后发出处理结果通知，校长同时对教师进行指导帮

---

　　① 张志坚.韩国中小学教师评价新制度研究 [J].世界教育信息，2013 (1): 52-53.
　　② 贾文婷.日本：问题倒逼制度转换——国外中小学教师评价体系扫描 [N].人民日报，2015-10-04 (05).

助。① 新加坡在中小学教师评价过程中，在学年度开始就注重对教师的年度工作目标规划进行指导，年中及时向教师反馈评价结果与建议以期教师及时改进教育教学工作；年终还进行教师评价汇总分级并反馈考评结果，通过与教师研讨交流为教师指明未来的发展方向。② 美国的教师评价者通过课堂观察、沟通对话和指导反馈，推动教师的专业发展和素质提升。在得克萨斯州南部的拉斯弗瑞斯诺斯学区，学区专家在听课结束后提交一份听课评价表，分析教师的教学情况。若教师获得"较差"的评价等级，校长或副校长会经常巡视该教师的课堂教学并通过研讨沟通督促其改进。对教师的听课评价表还包括评语和指导建议，以便教师对照问题进行改进。③ 芬兰中小学注重开展教师自评和与教师研讨；在教师自评过程中，战略性的教育教学指导改进优先于总结性的评价结果判断。校长通过课堂观察与教师研讨交流，提出教学指导和改进建议，并与教师定期对话，通过讨论会的方式促进对教师的指导反馈、教学反思和专业发展。④ 在澳大利亚，根据教师专业标准要求，高水平教师要在完成自身教育教学工作任务和专业学习的情况下，与同事协作研讨，指导同事改进教学工作，而领导型教师作为学校内外的教育教学专家，领导和引领同事开展创新性的教学实践。⑤ 在新西兰，学校管理者通过

① 殷爽，陈欣. 日本公立中小学教师评价制度改革：背景、内容与问题 [J]. 外国教育研究，2016 (5): 57-64.

② 新加坡使馆教育处. 新加坡"不一样"的教师绩效管理 [J]. 人民教育，2015 (8): 69-70.

③ 汤新华. 美国的教师评价制度：多元评价——以得克萨斯州拉斯弗瑞斯诺斯学区为例 [J]. 中小学管理，2009 (9): 53-55.

④ [芬兰] 文德 (Fred Dervin). 破解神话：还原真实的芬兰教育 [M]. 刘敏，姚苇依，译. 北京：教育科学出版社，2019：22-23.

⑤ NSW Education Standards Authority. Australian Professional Standards for Teachers [S]. 2018: 6-7.

与教师协商设计和实施"教师专业成长周期"评价教师和指导教师的专业发展；学校评价管理者与教师通过专业对话和课堂观察，指导教师反思教学实践和改进教学行为。[①]

　　教师评价的最终目标是引导教师发挥潜力和自主发展。为此，我国的中小学教师评价应反思和总结本土经验做法，适当借鉴国外有益经验，以科学、适切的方式对参评教师进行指导反馈，最大限度获得教师接受和认可，指导和帮助教师把握自身优势和不足并及时进行调整和改进，激发教师工作内驱力，指导教师职业生涯规划，使教师自主发展融入学校发展，促进教师发展和优化学校治理，实现教师评价效益的最大化。

　　要建立全方位的教师评价指导反馈体系。不同教师评价主体要从各种不同的角度对参评教师开展指导和反馈。学校管理者（如校长）可针对参评教师的潜力专长与教学特色，结合学校发展规划，对教师提出进一步发挥特长和教学特色的指导建议；校外专家学者和参评教师的同事可借助学科教育教学理论和学科教学智慧经验，在与参评教师协商交流的基础上，指出参评教师在教育教学方面的优势和不足，指导教师明确下一步教育教学努力的方向；参评教师基于自主评价，主动开展教学反思，由被动地接受评价转为主动地反省改进，使教师评价成为教师发展和进步的"推进剂"；学生可从师生关系和教师教学方法改进等方面对教师提出进一步改进师生关系和采取多元化、适切性的教学方法的具体建议；学生家长可从加强家校合作和教师与家长的沟通交流的角度提出改

---

① Teaching Council of Aotearoa New Zealand. Professional growth cycle [EB/OL]. (2018-11-13) [2022-06-02]. https://teachingcouncil.nz/professional-practice/professional-growth-cycle/.

进家校合作交流成效的具体建议。

要及时有效开展对教师的指导反馈。在教师评价过程中，各评价主体对参评教师的指导反馈要及时，让参评教师第一时间知悉其专业发展中存在的优势和不足，及时接受针对性指导，以免贻误教师发展时机。通常情况下，在课堂观察等过程性评价中要随时对教师开展日常指导反馈，而在年度总结性评价时要对教师开展整体性指导反馈，推动教师专业成长。同时，对参评教师的指导反馈要有效，评价管理者和其他评价主体不仅要指出参评教师在专业发展中存在的优势和问题，而且要指导参评教师制订针对性的、个性化的、可操作性的教育教学改进规划和方案。另外，对参评教师的指导反馈要发扬民主。指导反馈并非将评价结果强加给参评教师，而是建立在与参评教师进行交流协商和平等对话的基础之上，旨在引导参评教师发现和发扬教育教学中的亮点特色，同时自我反思问题与不足，明确未来专业发展方向，最终实现参评教师的自主发展。

要科学运用评价结果。教师评价最终要形成教师评价报告，要基于人工智能、大数据等技术，通过多维度的信度效度等分析，科学分析教师评价内容标准的科学性和有效性，同时精准监测教师的教育教学实施情况和存在的问题，科学、有效评价教师的教育教学行为表现，以期教师及时改进自身的教育教学。同时，评价管理者要基于不同教师评价主体的指导反馈建议，分类总结和逐项提出教师评价结论和指导反馈建议，清晰体现教师的发展进步、存在的问题和可操作性的指导反馈建议。要基于评价结果指导教师专业发展，改进教育教学，充分发挥以评促改的作用。针对专业发展较快、业绩突出的教师，要公开进行奖励表彰；针对达到预期评价目标的教师，要公开表扬，鼓励他们不断进取，追求更高的专业发展；针对存在问题和发展较慢的教师，要予以鼓励、帮助，共同查找原因，协商调整下一步的教师个体发展规划和评价方案；针对存在违规行为而在规定限期不整改的教师，要以适当方式提出通报批评、取消评优和奖励等资格。

要建立有效的教师评价申诉通道。如果参评教师对评价结果不认可或不满意，评价管理者要为参评教师开辟正常渠道，以便于参评教师及时表达合理诉求，从而营造互相信任、平等协作的教师评价文化氛围。要充分发挥教师工会组织在教师评价过程中的作用，积极维护参评教师在教师评价过程中的正当权益，避免参评教师受到不公平待遇后带着负面情绪消极开展教育教学工作。

（二）实施差异化评价激励

当前，教师评价管理者根据教师评价结果，在进行指导反馈的同时，开展了一定程度的评价激励措施，如颁发教学成绩奖、科研成果奖等。但整体上看，教师评价侧重针对教师的岗位工作数量、教学成绩和科研成果等评价内容开展评价激励，缺乏对差异化评价激励措施的个性化、差异化、多类型设计，不能满足教师的个性化、多样化的需求，难以激励教师发挥个人潜能和特长。

实施差异化的教师评价激励，在针对教师的工作量、教学行为表现和科研业绩等评价内容开展评价激励的同时，采取个性化、差异化的评价激励措施，满足教师的个性化、多层面的需求，有助于激励教师发挥个人特长潜能和自主专业发展。

当前，大多发达国家注重强化对教师的人文关怀，针对教师意愿采取多元化和差别化的激励措施。

日本东京都的中小学教师评价结果分为若干等级，评价结果用于教师研修及差别化加薪、职务晋升等。[①] 新加坡基于教师潜能兴趣和发展意愿为教师开通多种发展通道，对教师进行分层分类考评；根据教师评价结果的等级差异，决定教师的聘任、薪金、晋升、研修和表彰等。[②] 美国有些州设置差异化教师评价等级评定和差别化激励机制，推动教师专业素质及工作绩效的提升。哥伦比亚公立学区的中小学教师评价体系由低到高设置若干教师评价的评分等级，按照不同等级的教师评价结果对教师进行差别化的职级晋升和绩效奖励。[③] 为提高教师的绩效和表现，奖优罚劣，美国许多州在严格设定教师准入制度的同时，也对不合格教师实行退出制度，但注重通过正当程序保障教师合法权益。大多数州的中小学教师退出理由包括：不能胜任教学工作，不道德品行，不遵守学校和学区规章服从，玩忽职守，违法犯罪行为等。评价教师是否合格，大多学校在综合评价委员会、学生和家长及教师同事评价后再决定，以避免教师评价的片面性和主观性。[④] 芬兰注重设立专门的教师教育发展

---

① 黒田かすみ.教員評価制度の教員資質向上との関係性に関する一考察 [D]. 東京都：東京学芸大学，2008: 44-46.

② 中国教育报刊社 . 国外教育调研报告四（2011-2015）[R]. 2016: 105-106.

③ District of Columbia Public Schools. The District of Columbia Public Schools Effectiveness Assessment System for School-Based Personnel [R]. Washington: 2018-2019: 3-54.

④ Findlaw. Teachers' Rights: Tenure and Dismissal [EB/OL]. (2016-06-20) [2021-01-05]. https:// www.findlaw.com/education/teachers-rights/teachers-rights-tenure-and-dismissal.html.

项目支持教师专业发展，把那些富有创新力和领导力的教师培养成引领教师专业发展的指导教师，指导中小学教师专业发展。[①]

我国的中小学教师评价政策也要求对教师实行差别化、多样化的激励措施，但教师评价实践中的激励措施还不够多样化和差别化。为此，教师评价实践中，要适当吸纳国外中小学教师评价激励措施，反思和总结本土化的教师评价激励经验做法，进一步实施差别化教师评价激励措施，鼓励教师各尽其职、各得其所。比如，对于师德表现优秀的教师，颁发师德优秀奖状和奖金，或将师德奖细分为爱岗敬业奖、师生合作优秀奖、家校合作优秀奖、热心指导学生奖等，并颁发奖状和奖金；对于经过教师评价后被判定富有教学经验能力的教师，提供学校教学课题和津贴，激励教师通过教学课题总结和推广教学经验，也能让其他教师共享其教学经验，从而促进教师群体的专业成长；对于具有课题、项目、论著等丰富科研成果的教师，提供专门条件、津贴支持其带领其他教师申请课题和撰写论著；对于有领导管理潜质的教师，根据对其教学管理经验能力的考评，将其选拔到学校教学管理岗位。根据学生增值成绩评价教师的教学业绩，同时综合考量教师的专业素质能力、教学方法和教学管理水平，以及影响学生成绩的其他多种因素，如学生原有学习基础和学习习惯、学生家庭经济状况、学生家长的教育背景等。对教师的教学素质能力进行评价，除用教师所教的学生平时成绩或增值成绩对教师进行统一评价外，还可针对教师的教学过程和合作科研等环节，设置教学知识技能优胜奖、课堂教学示范奖、班级管理示范奖、教学方法创新

---

① OECD. Education Policy Outlook: Finland [R]. 2020: 15.

奖、科研成果奖、科研转化奖、教学合作创新奖、合作科研奖等专门奖项，并对获奖者颁发奖状和发放奖金，以科学评价教师取得教学成绩和开展教学科研的方法和过程，激励教师从不同方面发挥教学特长和展示教学和科研特色，并借鉴其他教师经验取长补短，同时也能助力教师加强合作交流并避免教师因陷于片面追求学生学业成绩而产生恶性竞争。

在实施差异化教师评价激励的同时，还要建立完善的教师退出机制，明确教师退出的条件、程序、救济途径和保障措施。首先要明确中小学教师退出的条件，如在师德方面，道德败坏或品行不良，比如体罚虐待学生，违反学校规章，不落实学校课程计划，时常缺勤或伪造上班出勤记录，拒不听取学校提出的改进教学建议，参加不良社团活动，实施犯罪行为等；在教学工作方面，不能胜任教学工作，教学知识技能有较大欠缺，课堂管理水平差，所教的学生学业成绩低，教师资格被撤销等。其次，对于教师退出，学校要认真听取来自教师评价管理者、教师同事、学生和学生家长的建议，避免教师评价的片面性和主观性。通常情况下，教师若未犯无法补救的错误，学校要开展补救帮扶，如指出工作不足和具体改进目标要求，并切实指导教师改进。若教师经补救后仍不合格，学校可采用说服教师退出教学岗位或转岗。安排教师退出后，学校要按有关规定妥善处置教师的失业金发放以及养老保险和社会医疗保险等，消除其未来生活之忧；根据退出教师的实际需要，要为他们提供培训的机会，以便于他们逐步适应"退出"，更新生活技能，适应社会发展，进行再就业。最后，要明确教师退出的程序。如果教师对退出教学岗位或解聘有异议并提出申诉，可适当借鉴国外经验做法，通过申诉机制解决。美国的某些州有相对完善的教师申诉机制。学校针对教师的退出申诉，要事先以书面或口头形式通知教师使其有充足时间准备答辩，通知内容包括评判教师不合格的具体原因和相关证据（如对教师进行不合格评价的时间、地点和有关人员的签名等）以及举行听证会的日期等。听证会由辖区教育部门、学区教育管理人员、学校校长、教师同事以及学生家长等参加，为教师提供申诉和答辩机会，审查解聘教师是否合法合理。学校评价管理者须为教师提供调查报告副本和有关证据（如评价管理者平时收集的教师日常表现资料、学校课堂观察记录、家长和学生的投诉、教师同事的评价、学生的学业成绩和增值成绩记录、学校为教师提供补救计划的记录、教师未能改进教学的证据等），教师要向学校评价管理者提交于己有利的证据。学校评价管理者在听证会上要说明解聘教师的原因并出示充分证据。教师可以反驳，并出示于己有利的证据。如果教师对解聘的评价结论持有异议，可向上一级教育主管部口请求复议，复议后再在一定期限内内进行最终听证。[①] 听证会后，在规定期限内由辖区教育部门作出书面决定。如果教师对教育主管部门所作决定不服，可通过诉讼程序解决。具有管辖权的法院如果发现教师受到不公平待遇或其权利受损，可裁定向教师进行精神或身体损害赔偿；若因学校的决定错误导致教师被解聘，必须恢复教师聘任合同和先前待遇，并承担除教师代理律师费外的听证费和诉讼费。[②]

---

① 殷建丽 . 美国农村中小学不合格教师退出机制及其对我国的启示研究 [D]. 长春：东北师范大学，2016：18-20.

② Richard T. Castallo & Matthew Fletcher. School Personnel Administration: A Practitioner's Guide [M]. Boston: Allyn & Bacon, 1991: 163.

北京市某些中小学在教师差异化评价方面进行了一些有价值的探索，形成了一些有益的经验做法。本研究调研中关村第一小学过程中发现，该校注重改革教师评价，通过教师差异化和个性化评价促进教师专业发展，提高教师素质能力。该校注重建立梯度式和个性化的评价标准，构建"梯度式"指标体系评价教师的专业能力，让不同的教师得到不同的发展，如根据教师梯队培养计划，对不同层次梯队教师的专业能力进行评价；发挥非正式教师评价的作用，通过开展多种表彰活动，如评选"风采团队"、设立"党员示范岗"、教师节期间表彰"功勋教师"，使教师获得学校、同事、学生的认可；充分发挥某些教师的科研兴趣特长，在教师中培养更多的科研或教学领导者，如通过搭建"一会两院"，即葵园学术委员会、葵园课程研究院，以及葵园教师研究院，成立课题引领组织、班主任名师工作坊、学科名师工作室、特级教师工作室，凸显教师的学术领导力和教师发展的专业性。

北京十一学校注重通过一套多元化、差异化的教师评价和激励机制，唤醒教师专业发展的主动性，充分调动教师的潜能专长。该校的多种教师激励方案可归纳为六个方面。一是将教师评价改为教师"诊断"。如认真"检查"而非"评价"教师的备课等各教学环节，促进教师专业成长。二是利用教师闪光点以多种方式激励教师。创造多种机会，运用多样化方式，发现和展示每位教师的闪光点，促使教师自主、不断地提高工作绩效。比如，每个学期末将教师教学调查中的学生评语进行汇总和整理，誊写在教师贺卡上，新年伊始郑重交给教师；学校每月都举办教师生日会，设置一个主题，制作有关教师生日的师生赞词，在教师的生日聚会上现场播放；学校对品学兼优的教师子女进行年度奖励，邀请教师及其子女一同出席年度颁奖典礼，以令教师感受到学校的关切；学校根据教师的闪光点，每月都举办月度人物宣传活动，制作有关月度人物的宣传海报，张贴在校园的显要位置；为激励青年教师的专业发展，学校为 35 岁以下的青年教师专门设置"青年才俊"窗口，引导青年教师畅谈其专业成长经验，激励青年教师争做育人模范、教学专家；为发挥党员教师的模范作用，学校搭建"党员风采"平台，展示党员教师的先进事迹。三是设置教师专业发展课程及学术组织促进教师专业发展。学校成立了教育家书院，负责教师的专业成长。根据教师的各种发展需求，研发和设计多层次、多类别的教师专业发展课程，供教师按其自身意愿自由选择，并创造多种条件让教师进入各种学术组织，激发教师的自主发展愿望。四是鼓励教师发挥个性专长。基于教师的个性差异，创设平台激励教师发挥个人特长。比如，在选课走班背景下，为满足动态管理学生的需要，选择有某方面管理专长的教师充任分布式领导，激发这类教师的工作积极性和创新精神；支持博士教师研发高层次课程和培养拔尖学生；鼓励性格活泼、拥有深厚的文化底蕴的教师发挥兴趣专长，担任其擅长的道德与法治、历史、地理等课程的教师。五是按照教师职级岗位和工作绩效提供待遇。学校推行工资体制改革，实行双向聘任制；有八级职级岗位分别对应不同的条件与工资待遇，此系对教师的最大评价和激励。为提高教师的专业素养和学术水平，学校研制了教师学术积分办法，针对教师主持或参与教育课题研究、教学科研成果发表及获奖情况等，实行积分累积制，分为金、银、铜三级，每年度对教师进行一次表彰奖励，并对那些拥有重大、突出贡献的教师设立"功勋积分"表彰奖励，这些表彰奖励办法成为教师日后参与评优评职的重要依据。六是借助社会媒体宣传优秀教师。学校在 60 周年华诞之际，邀请主流媒体推出了一批优秀教师，展示这些教师的姓名和照片，让他们获得社会认可和崇敬；学校还在适当场合邀请社会知名人士参与校内教师表彰活动，激励教师的专业发展，比如学校年度"功勋奖"表彰典礼都会邀请一位德高望重的教育家担任颁奖嘉宾，学校教学思想研讨会还邀请某些教育界权威人士进行点评指导。①

　　整体上看，北京市的中小学教师评价，要在现有评价内容和标准基础上，持续优化教师评价体系，尤其是在开展教师所教学生的成绩和教师科研成果等定量评价的同时，推广北京市某些学校在教师差异化评价方面的好做法和好经验，持续强化定性评价、过程性评价、差异化评价。

---

　　① 李希贵等. 学校转型：北京十一学校创新育人模式的探索 [M]. 北京：教育科学出版社，2014；193-197.

附录　优化中小学教师评价的方法工具

一、访谈提纲

1. 访谈教育行政部门、督导评价专家、中小学校长、中小学教师

a. 中小学是否总体上贯彻了奖惩性评价理念？

b. 教师绩效考核与职称评审对教师的教育教学状况关注情况如何？

c. 教师自我评价、课堂观察在教师评价中发挥了什么作用？

d. 当前教师评价内容侧重哪些方面？

e. 教师评价结果运用情况如何？

2. 访谈中小学生

a. 学校是否让教师自己评价自己？

b. 学校评价教师大体侧重评价哪些方面？

c. 学生是否参与教师评价？

3. 访谈中小学生家长

a. 您认为评价教师应侧重哪些方面？

b. 家长是否参与教师评价？效果如何？

二、调查问卷（调查对象主要是中小学教师）

1. 教师评价对教师人文关怀的体现程度如何？

a. 充分体现 b. 体现较多 c. 有所体现 d. 体现较少 e. 没有体现

2. 教师评价过程中教师的话语权体现程度如何？

a. 充分 b. 较多 c. 有所体现 d. 较少 e. 缺乏

3. 当前教师评价中对教师教学成绩的重视程度如何？

a. 最为重视 b. 非常重视 c. 比较重视 d. 不太重视 e. 很不重视

4. 您是否认可教师评价过于看重教学成绩而忽视教师的兴趣特长和教学特色？

a. 是 b. 否

5. 当前教师评价结果运用情况如何？

a. 评优表彰 b. 绩效工资分配

c. 职称评审 d. 业务研修 e. 指导反馈

6. 教师评价应当涉及哪些综合评价内容？

a. 师德 b. 教育教学表现 c. 学生成绩与科研成果等绩效

d. 专业知识 e. 获奖证书

7. 教师评价应采取哪些评价方法？

a. 课堂观察 b. 增值评价 c. 现场面谈 d. 问卷调查 e. 教师档案袋

8. 您校的教师评价主体主要有哪些？（限选 3 项）

a. 领导 b. 同事 c. 学生 d. 教师 e. 家长

9. 您认为谁参与中小学教师评价最为合理和有效？（限选 3 项）

a. 教育行政部门　b. 教育专家　c. 学校管理人员

d. 教师本人及其同事　e. 学生及其家长

10. 评价教师的师德应该侧重哪些方面？（限选 3 项）

a. 爱国守法，作风正派，为人师表

b. 热爱教育，勤恳敬业

c. 团结协作，终身学习，探索创新

d. 关爱保护、平等对待学生，维护学生合法权益

e. 培养学生良好品行和学习习惯，促进学生全面发展、个性发展

11. 评价教师的教学行为表现应侧重哪些方面？（限选 3 项）

a. 开展教学设计

b. 用现代教育技术等创新教学方法

c. 引导学生自主学习、合作探究、创新思维

d. 建立良好师生关系

e. 运用多元评价方法全过程多视角评价学生

12. 教师定性评价应主要侧重哪些方面？（限选 3 项）

a. 教学热情、团结敬业、宽厚乐观、有责任心

b. 更新教育理念、教学内容方法

c. 授课中运用人工智能创新教学情境和激发学生学习动机

d. 引导学生自主学习、合作探究、创新思维和解决真实社会问题

e. 多方面和全过程评价和激励学生促进学生全面和个性发展

13. 教师定量评价应主要侧重哪些方面？（限选 3 项）

a. 教师授课、制作课件、研发教学资源、批改作业的数量

b. 教师参与研修、指导青年教师、完成学校交办的其他工作数量

c. 教师科研论著等级和获奖、课赛获奖情况和数量

d. 学生平时测验成绩、学业增值成绩，参赛等获奖等级和数量

e. 学生的品德、合作、审美等表现和获奖情况

14. 教师评价在制度层面存在哪些问题？（限选 3 项）

a. 过于注重教师教学成绩等定量评价而轻视定性评价

b. 过于注重终结性评价而忽视发展性、过程性评价

c. 过于注重奖惩性评价而忽视对教师的反馈指导

d. 过于注重行政评价而忽视教师自主评价和学生家长等多方评价

e. 过于注重使用统一标准评价而忽视差异性评价

15. 教师评价在结果运用方面存在哪些问题？（限选 3 项）

a. 缺乏对教师的有效诊断与指导

b. 对教师奖惩方式缺乏创新

c. 对教师评价得分较低者缺乏明确的针对性措施

d. 教师评价后缺乏对绩效工资的针对性调整

e. 教师评价得分较高者缺乏人文关怀性质的针对性激励措施

16. 教师评价在教师权益和发展保障方面存在哪些问题？

a. 教师在教师评价中缺乏知情权和话语权等基本权利和制度保障

b. 教师评价缺乏良好的学校共同体文化

c. 教师评价难以满足教师的被尊重和关爱等合理需求

d. 教师评价从一定程度上抑制教师的专业发展

e. 教师自身缺乏通过教师评价寻求专业发展的内驱力

17. 教师评价在制度层面应采取哪些对策？（限选 3 项）

a. 完善法规政策

b. 优化评价体系

c. 注重奖惩性评价，更注重对教师的反馈指导

d. 注重强制性的行政评价，更注重教师自主评价和学生家长等评价

e. 注重统一评价和差异化评价相结合

三、教师评价方法工具

1. 课堂观察评价

评价目标：通过观察课堂教学对教师教学提出评价意见和指导反馈，使教师不断改进教学工作。

评价主体：学校管理者、教师同事、学生家长和专家学者等。

评价内容：教学目标、教学内容、教学设计、教学方法、学生参与、师生互动等。重点观察教与学。（1）教师的教，包括教学目标、内容、方法等维度。重点考察教师对教学内容、方法是否有全面和创新设计，能否创造性设计教学情境、运用最新教学素材、创新教学方法、提出创新问题、激发学生兴趣、引导学生自主学习和合作探究、解决真实社会问题，是否有特色化教学风格。（2）学生的学，包括学生的参与、独立思考、合作探究等维度。要看学生回应教师教学活动的积极性和创

造性；是否积极、有效参与学习过程而非被动接受知识灌输；参与学习的时间、广度、深度是否适当；独立思考、创新思维和合作探究精神是否得到有效激发；是否表现出对发现和解决问题的浓厚兴趣并提出创新性问题和解决方案；团队合作精神等情感因素是否充分调动，等。每一维度，需设计区分性的评价等级细则。

评价方法：定性和定量评价方法相结合。对教与学的活动，进行定性表述，评定等级（优、良、中、继续进步）。教师讲授时间和学生参与时间的分配、教师在教学中采用的新素材和新方法、学生发现和解决创新性问题的数量、教师和学生提问的次数、学生掌握某一技能所用的时间等，这些定量评价中的数据是为佐证相应的定性评价内容服务的，不能僵化、机械地使用。

评价步骤：（1）明确评价标准，评价者与授课教师共同明晰评价内容标准；（2）做好评课记录，记录师生课堂活动，如教师的教学设计创新之处，教师提问的独特之处，学生解答的优缺点，教师的教学风格，师生互动情况等；（3）开展课堂评价，评估教师教学的得失定性描述，要有观点和依据；（4）提出评价结论，给出评价等级，提出可操作性的反馈建议。

注意事项：（1）课堂观察的评价者须经专门培训，熟悉课堂观察中的评价内容，并能以客观态度提出评价意见和指导反馈。（2）一次课堂观察评价后评价结果未必准确，故应适当进行多次正式和非正式的课堂观察，既能让教师通过课前准备充分展示课堂教学技能和特色，又能让教师展示常态化的真实课堂教学表现并避免临场"作秀"课堂教学。

2. 教师成长档案袋

评价目标：基于及时、精准保存和分析教师的教育教学过程资料，分析评价教师的教育教学表现，促进教师专业成长。

评价主体：教师自身、校长、教研组长、教育行政管理人员、教育专家等。

评价内容：（1）评价材料呈现形式。教师系统收集和记录的、体现自身师德、教育教学行为和工作业绩的信息，如专业发展规划、教学计划、课堂管理策略、班级活动设计、教学反思、研修活动记录、公开课视频与记录，科研活动和成果记录、同行合作交流记录、荣誉证书记录、自我评价记录、学生学习成长或学习成果记录、学生对教师教学的建议记录、学生与教师交流互动和共同实践活动情况记录，以及教师与学生家长交流信息记录等。（2）具体评价指标。每一维度，设计评价指标权重和区分性评价等级细则（优、良、中、继续进步），此处略。

一级指标	二级指标	三级指标
师德	遵纪守法	遵守政策法规情况
		遵守规章制度情况
	职业信念与责任	职业信念
		职业责任
	关爱学生	爱护学生
		尊重学生

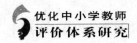
一级指标	二级指标	三级指标
教育教学行为	专业规划	剖析自我
		制定个体专业发展规划
	教学行为	教学理念目标设计与运用
		教学内容设计与运用
		教学方法步骤设计与运用
		课堂管理
		学生课堂参与和师生互动
		教学特色风格
	合作表现	与学生合作
		与同事合作
		与家长等合作
	反思与评价	自我反思
		教育教学评价
工作绩效	工作量	出勤量
		课时量
		作业设计与批改
		研修进修
		指导青年教师
		教师对学生的过程性指导
		荣誉称号

一级指标	二级指标	三级指标
工作绩效	工作量	兴趣专长发挥绩效
		其他工作量
	学生成绩	学生平时成绩
		学生增值成绩
	科研成果	课题项目
		论文论著
		教学实验
		教学课件
		其他科研成果

评价方法：定性评价方法为主。在教师自评基础上，其他评价主体进行评价，描述教师档案袋制作的特色和不足，并针对及档案袋材料体现的各项评价维度内容提出评价等级，最后提出总的评价等级和可操作性的指导反馈建议。

评价步骤：（1）教师收集资料，包括描述性文字、表格、图片、视频、音频、实物等；按一定结构和顺序组织起来形成档案性质的教育教学总结材料。（2）教师自评。（4）其他评价者的评价。

注意事项：当前，大多中小学教师尤其是年龄大些的教师对教师档案袋评价法及其技术工具还不够熟悉，有些教师还认为其费时费力。学校可适时展示优秀的教师档案袋，对制作档案袋的教师进行宣传表彰；

加强教师档案袋制作的指导和交流。

3. 教师自我评价

评价目标：激励教师充分参与教师评价，通过自我诊断反思和借鉴其他评价者的评价反馈建议，正视不足，积极改进，不断提升专业发展水平。

评价主体：教师。

评价内容：[每一维度，设计评价指标权重和区分性评价等级细则（优、良、中、继续进步），此处略]

一级指标	二级指标	三级指标
师德	遵纪守法	遵守政策法规情况
		遵守规章制度情况
	职业信念与责任	职业信念
		职业责任
	关爱学生	爱护学生
		尊重学生
教育教学行为	专业规划	剖析自我
		制定个体专业发展规划
	教学行为	教学理念目标设计与运用
		教学内容设计与运用
		教学方法步骤设计与运用
		课堂管理
		学生课堂参与和师生互动
		教学特色风格

一级指标	二级指标	三级指标
教育教学行为	合作表现	与学生合作
		与同事合作
		与家长等合作
	反思与评价	自我反思
		教育教学评价
工作绩效	工作量	出勤量
		课时量
		作业设计与批改
		研修进修
		指导青年教师
		教师对学生的过程性指导
		荣誉称号
		兴趣专长发挥绩效
		其他工作量
工作绩效	学生成绩	学生平时成绩
		学生增值成绩
	科研成果	课题项目
		论文论著
		教学实验
		教学课件
		其他科研成果

评价方法：定性和定量评价方法相结合。容易统计数量的评价指

标，可采用定量评价。

评价步骤：(1) 教师自身通过评价培训，了解评价目标和程序；(2) 研究把握评价内容指标和评价等级细则；(3) 在教育教学过程中常态化开展教师自评，收集、积累自评资料；(4) 写出教师自评报告；(5) 其他评价主体结合教师自评报告，与教师协商写出评价报告，提出可操作性反馈建议。

注意事项：(1) 教师要开展自我评价学习培训，提高教师自我评价意识和能力；(2) 教师要开展自我课堂观察，写出自我观察结论和改进措施；(3) 其他评价者提出评价和指导反馈，引领教师优化教学实践策略方法；(4) 学校可建立教师自我评价指导小组，帮助教师概括评价结果，提升教学技能。

4. 差异化评价

评价目标：通过差异化评价满足教师个性化和差异化需求，并推动学校特色发展。

评价主体：教师、校长、教研组长、教育行政管理人员、学生家长、专家等。

评价内容：根据教育区域、评价类型、教师岗位，评价内容有所不同。(1) 在教师素质能力较弱、较好、较强的区域，分别侧重评价教师的任职资格导向、教学实践技能导向、专业发展导向。(2) 基于具体评价类型，制定不同评价标准。定期考核侧重评价教师工作量、课堂教学行为、教学特色、专长发挥、成果绩效。评优表彰侧重评价教师的成果绩效，以课堂教学特色等作为重要参考，设立不同级别和类型的荣誉表彰称号。职称评审注重考察教师科研成果以及教研报告、工作总结、教案课件等教育教学成果，并向农村教师和参与交流轮岗的教师等倾斜。

（3）基于教师兴趣特长和发展意愿为教师开通教学岗、专家岗或管理岗等多种职业发展通道，细化评价的层次化等级标准。

评价方法：增值性评价、课堂观察、教学日记、教师档案袋等方式。

评价步骤：（1）确定教育区域、评价类型、教师岗位以及相应的评价内容，适切的评价方法。（2）确定具体教师岗位后，在统一性评价方案基础上，基于教师兴趣特长等与教师协商确定个体评价方案，然后开展评价。

注意事项：（1）根据教师个体表现，选择适切的评价方法工具，在不影响教师正常工作的情况下，多渠道收集信息，有针对性地开展评价，随时交流并提出改进建议。（2）先由教师自评，然后其他评价主体协商写出评价报告，提出针对教师个体的、差异化的可操作性反馈建议。

参考文献

一、中文文献

[1] 顾明远. 教育大辞典（上）[M]. 上海：上海教育出版社，2002.

[2] 陈永明. 教师教育研究 [M]. 上海：华东师范大学出版社，2002.

[3] 胡中锋. 教育评价学 [M]. 北京：中国人民大学出版社，2008.

[4] 王斌华. 教师评价：绩效管理与专业发展 [M]. 上海：上海教育出版社，2005.

[5] 毛利丹. 中小学教师评价研究 [M]. 北京：中国社会科学出版社，2017.

[6] 叶澜，白益民，王 ，陶志琼. 教师角色与教师发展新探 [M]. 北京：教育科学出版社，2001.

[7] 孙河川. 教师评价指标体系的国际比较研究 [M]. 北京：商务印书馆，2011.

[8] 林崇德. 21 世纪学生发展核心素养研究 [M]. 北京：北京师范大学出版社，2016.

[9] 鲍争志，刘徽. 读懂数据：大数据时代的差异教学 [M]. 北京：教育科学出版社，2021.

[10] 李希贵等. 学校转型：北京十一学校创新育人模式的探索 [M]. 北京：教育科学出版社，2014.

[11] [瑞典] 胡森 . 教育大百科全书（第 1 卷）[M]. 张彬贤，等，译 . 重庆：西南大学出版社，2006.

[12] [芬兰] 文德（Fred Dervin）. 破解神话：还原真实的芬兰教育 [M]. 刘敏，姚苇依，译 . 北京：教育科学出版社，2019.

[13] 殷建丽 . 美国农村中小学不合格教师退出机制及其对我国的启示研究 [D]. 长春：东北师范大学，2016.

[14] 中国教育报刊社 . 国外教育调研报告四（2011-2015）[R]. 2016: 103-104, 105-106.

[15] 安雪慧，王颖 . 破解中小学教师评价问题的关键点 [N]. 中国教育报，2019-09-19（6）.

[16] 贾文婷 . 日本：问题倒逼制度转换——国外中小学教师评价体系扫描 [N]. 人民日报，2015-10-04 (05).

[17] 黄培昭 . 英国：绩效评定公开透明——国外中小学教师评价体系扫描 [N]. 人民日报，2015-10-04 (05).

[18] 万宇 . 韩国：评价改革更重能力 -- 国外中小学教师评价体系扫描 [N]. 人民日报，2015-10-04 (05).

[19] 安雪慧 . 义务教育学校绩效工资政策实施情况分析评估研究 [J]. 教育科学研究，2017（2）：94-96.

[20] 韩巍巍 . 北京市海淀区骨干教师专业发展评价体系的构建与效果分析——以古斯基（Guskey）教师专业发展评价模型为依据 [J]. 中小学教师培训，2017（2）：22-25.

[21] 边玉芳，柯李，尚学文 . 实施发展性评价——为教师自主发展

提供模型和工具 [J]. 北京教育，2015（5）：47.

[22] 王世元. 诊断式督导促进学校内涵发展 [J]. 北京教育（普教版），2017（9）：35-36.

[23] 李建平，王霞，吴春霞. 督学进行课堂评价反馈的途径和方法 [J]. 北京教育（普教版），2018（5）：38-40.

[24] 田爱丽，张晓峰. 对现行中小学教师评价制度的调查与分析 [J]. 教育理论与实践，2004（3）：26-30.

[25] 朱立明，马振，冯用军. 我国教师专业素养测评指标体系的构建 [J]. 教育科学研究，2019（12）：80.

[26] 姜月. 基于培养学生核心素养的教师专业发展 [J]. 教育导刊，2016（11）：59-61.

[27] 张红霞. 核心素养视阈下美、英、日中小学教师评价指标的分析及启示 [J]. 当代教育论坛，2018（2）：23-30.

[28] 保定凯，万金雷. 中小学教师评价现状的个案调查——从促进教师专业发展的角度 [J]. 教师教育研究，2005（5）：50.

[29] 石中英. 回归教育本体——当前我国教育评价体系改革刍议 [J]. 教育研究，2020（9）：9.

[30] 张志坚. 韩国中小学教师评价新制度研究 [J]. 世界教育信息，2013 (1): 52-53.

[31] 殷爽，陈欣. 日本公立中小学教师评价制度改革：背景、内容与问题 [J]. 外国教育研究，2016 (5): 55，57-64.

[32] 新加坡使馆教育处. 新加坡"不一样"的教师绩效管理 [J]. 人民

教育，2015 (8): 69-70.

[33] 陈科武. 美国中小学教师评价及绩效工资管窥——以哥伦比亚公立学区系统为例 [J]. 教育测量与评价，2014 (8): 17-20.

[34] 史大胜，王燕. 新西兰中小学教师评价制度改革：动因、举措与价值取向 [J]. 比较教育研究，2021 (12): 23-24, 25-26.

[35] 王丽星，尹红丹. 教师评价体系如何体现发展性 [J]. 人民教育，2015（13）：71.

[36] 桑国元. 国外 21 世纪学生发展核心素养的讨论及启示 [J]. 教育科学研究，2016（12）：62-63.

[37] 汤新华. 美国的教师评价制度：多元评价——以得克萨斯州拉斯弗瑞斯诺斯学区为例 [J]. 中小学管理，2009 (9): 53-55.

[38] 黄鹏. 新高考背景下学校课程育人制度的重建 [J]. 北京教育（普教版），2019（5）：15-17.

[39] 陈华. 教师评价制度与师德规范的人性假设冲突 [J]. 湖南师范大学教育科学学报，2014（6）：63.

[40] 陈黎明. 中小学教师专业伦理规范建设的思考 [J]. 中国教师，2018（10）：89.

[41] 李红，刘丽丽. "三个品牌行动"成就教师专业发展 [J]. 北京教育（普教版），2019（9）：26-28.

二、外文文献

[1] Donna Bullock. Assessing Teachers: A Mixed-Method Case Study

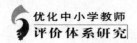

of Comprehensive Teacher Evaluation [M]. Tempe: Arizona State University, 2013.

[2] Alan Evans & John Tomlinson. Teacher Appraisal: A Nationwide Approach [M]. UK: Jessica Kingsley Publishers, 1989.

[3] Cogan, M. Clinical Supervision [M]. Boston, MA: Houghton Mifflin, 1973.

[4] Shulman, L. Paradigms and research programs in the study of teaching: A contemporary perspective. In M. C. Wittrock (Ed.): Handbook of research on teaching [M]. New York: Macmillan, 1986.

[5] Murphy R. Testing Teachers: What Works Best for Teacher Evaluation and Appraisal [M]. London: Sutton Trust, 2013.

[6] Lieberman A., Miller L. Teacher leadership [M]. Wiley: Jossey-Bass, 2004.

[7] Richard T. Castallo & Matthew Fletcher. School Personnel Administration: A Practitioner's Guide [M]. Boston: Allyn & Bacon, 1991.

[8] Department for Education. Evaluation of Teachers' Pay Reform: Final Report [R]. London, 2017: 18, 24.

[9] National Council on Teacher Quality. 2017 State Teacher Policy Yearbook: National summary [R]. NCTQ Project Team, Washington: 2017: 75-96.

[10] Ofsted. The education inspection framework [R]. London, 2019: 9-11.

[11] OECD. Education Policy Outlook: Finland [R]. 2020: 15, 16.

[12] District of Columbia Public Schools. The District of Columbia Public Schools Effectiveness Assessment System for School-Based Personnel [R]. Washington: 2018-2019: 3-54.

[13] Andreas Schleicher. TALIS 2018: Insights and Interpretations [R]. 2020: 54.

[14] Ministry of Education. Accord between the Ministry of Education, NZEI and PPTA [R]. 2019: 2.

[15] Kim, K. S. & Kim, E. K. The Results of 2011 Teacher Evaluations [R]. Seoul: Korean Educational Development Institute, 2012: 41.

[16] Timperley H, Wilson A, Barrar H, Fung. Teacher professional learning and development: best evidence synthesis iteration [R]. New Zealand: Ministry of Education, 2007: 6, 9.

[17] Kim, K. S., Jeon, J. S. & Ahn, B. C. Developing a Teacher Evaluation Model for Professional Development [R]. Seoul: Korean Educational Development Institute, 2011: 61.

[18] Education Council New Zealand. Our Code, Our Standards: Code of Professional Responsibility and Standards for the Teaching Profession [R] 2017: 10-12, 16-20.

[19] NSW Education Standards Authority. Australian Professional Standards for Teachers [S]. 2018: 2, 6-7.

[20] New Zealand Government. Education and Training Act 2020 [S].

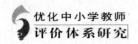

2020: 105-107.

[21] Darling-Hammond, L. Teacher quality and student achievement: a review of state policy evidence [J]. Educational Policy Analysis Archives, 2000 (8-1): 22, 33.

[22] Glanz, J. Supervision for the millennium: A retrospective and prospective [J]. Focus on Education, 2000 (44): 9-16.

[23] Maslow, A. H. A theory of human motivation [J]. Psychological Review, 1943: 50 (4).

[24] Stufflebeam, Daniel L. Educational Evaluation and Decision Making [J]. Journal of Mathematical Psychology, 1971, 24 (2): 163-175.

[25] Locket T, Vulliamy G, Webb R, Hill M. Being a "professional" primary school teacher at the beginning of the 21st century: a comparative analysis of primary teacher professionalism in New Zealand and England [J]. Journal of Education Policy, 2005, 20 (5): 555-581.

[26] Donaldson, M. L., Johnson, S.M, Kirkpatrick, C, Marinell, W., Steele, J. & Szczesiul, S. Angling for Access, Bartering for Change: How Second Stage Teachers Experience Differentiated Roles in Schools [J]. Teachers College Record Teachers College Record, 2008 (5): 1114.

[27] Darling-Hammond, L. Portfolio as practice: The narratives of emerging Teachers" [J]. Teaching and Teacher Education, 2001 (1): 107-121.

[28] 黒田かすみ. 教員評価制度の教員資質向上との関係性に関する一考察 [D]. 東京都：東京学芸大学，2008.